子どもがどんどん自立する！

1年生のクラスのつくりかた

樋口万太郎

学陽書房

はじめに

　本書を手に取っていただき、ありがとうございます。

　小学1年生の子どもたちの言動から「1年生は宇宙人だ」と言われる方がいますが、これは捉え方を間違えているように思います。そのように捉えてしまう大人側の思考が「宇宙人」と思った方がよいでしょう。まぁ、間違いなく、私自身が1年生のときには先生からそのように言われていたことでしょう。

　1年生の子どもたちは「宇宙人」ではなく「無限の可能性がある人」なのです。我々大人よりも、はるかに無限の可能性があるのです。もちろん初めてのことにはうまくいかないこともあるでしょう。できないこともあるでしょう。でも、スポンジが水を吸収するかのようにどんどんさまざまなものを吸収していきます。

　そのキラキラとした無限の可能性に注目できると、1年生担任の楽しさを感じやすくなると思います。

　だからこそ、先生が指示をして動く1年生ではなく、子どもたち自身が考え、動くといった自立する姿を引き出すことができます。そのためのきっかけを我々はつくっていきたいものです。

　本書の1章ではどのようなことを意識しながら取り組んでいくのかというマインド面を、そして2章以降ではどのような実践をしていくのかという行動面を紹介していきます。

　本書が、初めて1年生を担任する先生、1年生の指導に困っている先生にとっての一助になれば幸いです。また、1年生のすごい力を多くの先生方に伝えたい。そんな思いで本書を書きました。

　2023年1月

　　　　　　　　　　　　　　　　　　　　　　　　樋口　万太郎

contents

第**3**章

できないことを育てる！
1年生の生活指導のポイント

第4章

自主性を生かす！
1年生の学習指導のポイント

第5章
1年生ももっと使える！
タブレットを授業に導入するポイント

第1章

最初に知っておきたい！

自立する1年生を育てる子どもの見方

1年生って
どんな子ども?

✏️ 1年生の子どもたちの会話

　1年生ってどんな子どもたちなのでしょうか。少し会話をのぞいてみましょう。

　「ねぇねぇ、何しているの?」
　「それ、私もしたい!」
　「先生、見て‼」
　「○○してもいい?」
　「オレ、もう知っているし」
　「答えは○○!」

　このような会話が、教室の中で1日何度も子どもたちから繰り広げられます。6年間の小学校生活の中でいちばん自分を表現したい!　という欲求があるのかもしれません。

　なぜなら、1年生は、**他者の考えを聞きたいということよりも、自分の考えを表現したい**という年頃だからです。

✏️ 成長をさまたげる思考

　これまで出会ってきた先生の中には、「私は高学年の学習が難しいから、低学年がよい」とか「1年生はできないことが多いから、こちらがたくさんサポートをしてあげないといけない」と言われている方がいま

した。どこまで本心なのかはわかりませんが、このような思考では、1年生の成長を促すことはできません。むしろこのような思考は、1年生の成長をさまたげる要因になります。

　初めての友達、先生、学校…。我々大人でも異動をするときには不安を持つものです。5、6歳の子どもたちにとってはなおさら不安に思ってしまうことは仕方がないことです。だから、4、5月は**学校に来ただけで、頑張って授業に参加しているだけで偉い！**　のです。そう思いませんか？

　また、「『どうして小学校はずっと座っていないといけないの？』とうちの子が言っています」と1年生を担任するたびに、質問されませんか？これは子どもたちの本音であり、叫びでもあるかもしれません。1年生の集中力は15分しか持続しないと言われています。これは私自身も実感しています。しかし、本当に45分間座ったり、集中して活動したりすることはできないのでしょうか。

　実は家ではゲームをしたり、動画を見たり、絵を描いたりなど集中して取り組むことができます。つまり、**1年生でも自分の興味のあることには、集中して取り組むことができる可能性がある**ということになります。

🖊 子どもの言葉を言い換えると

　1年生の言葉を言い換えると以下のような姿が見えてきます。甘えやわがままと捉えるよりポジティブに受けとめましょう。

「ねぇねぇ、何しているの？」→何でも興味がある

「それ、私もしたい！」→自分もしてみたい

「先生、見て‼」→自分の表現物を見てもらいたい

「○○してもいい？」→ちょっと不安な一面も

「オレ、もう知っているし」→知っていることを知ってもらいたい

「答えは○○！」→自分の考えを表現したい

2 1年生は時間が かかることはあたりまえ

他学年と比較していませんか

　6年生と1年生はどちらが給食の配膳の準備をするのが早いでしょうか。これは考えるまでもなく、6年生です。

　では、6年生と大人ではどちらが給食の配膳の準備をするのが早いでしょうか。これも考えるまでもなく、大人です。

　このように同じ6年生であっても、比較対象を変えれば見方が違ってきます。つまり、**比較することなくその学年だけについて考える**ことが求められます。

　また、どんな学年であっても**学年終わりの3月末の姿と学年はじめの4、5月の姿を比較してしまっていることもあります**。4、5月の子どもは何にでも時間がかかります。できたら丸儲けというぐらいの意識を持つことも大切です。1年生も4月の状態をベースにすると、1年生終わりの子どもたちの姿には感動しか生まれません。

　また、昨日、片付けに時間がかかったため、今日は多めに時間を設けても、それでも終わらない、むしろ昨日よりも時間がかかってしまう…。それにイライラしてしまう。そんな悪循環に陥ることがあります。以前の私はそうでした。いまはあまりイライラしません。

　いまはさまざまな手立てにより、いずれはよくしていけるという見通しが持てるからです。

　そうした見通しを持てるようになる、**1年生の担任経験や教師力の向**

上により段々イライラはなくなるものです。一朝一夕にはいきませんが、私は１年生を担任するたびにイライラすることが減っていきました。私自身がこうなのですから、あなたも大丈夫です。

そして**将来を信じる心**が大切です。自分も子どもも、いずれ成長してできるようになると信じましょう。

🖊 見る人が変わると

前任校では６月に２週間、９月に２週間の計４週間の大学３年生の主免（教育）実習がありました。９月に子どもたちと再会したときに、子どもの成長に驚く実習生が多くいます。

実習生の一人は11月に２ヵ月ぶりに樋口学級へとやってきて、さらなる子どもたちの成長に驚いていました。

つまり、第三者の立場から見れば大きく成長していることも、当事者同士になれば、その大きな成長が見えにくくなってしまうということが起こります。

「子どもは成長している」という意識を強く持ち、４月の頃の子どもの姿を振り返る機会を設けることで、成長に気づくことができるようになります。

🖊 すぐにできないといけないこともある

待つことが大切だとここまで書いてきましたが、すぐにできないといけないこともあります。たとえば、安全面です。安全面に関してはすぐにできないと命にかかわることがあります。だから、厳しく言ったり、行動させたりすることもあります。

3 1年生はトラブルが あることはあたりまえ

✏️ トラブルはあるものと思おう

トラブルはない方が嬉しいに決まっています。トラブルの仲裁で時間が取られることもありません。友達関係がギクシャクすることもありません。保護者に連絡を入れることもありません。

でも、残念ながらトラブルはあってあたりまえです。トラブルがない世界であれば、世界中が平和なはずです。

トラブルが起こる原因の多くは、**「自分の考えを相手に伝えることができなかった」「相手の考えを受け入れない」**ということだと考えています。つまり見方を変えると、**トラブルは相手のことを知ることができるチャンス**とも言えます。相手のことを知ることができるということは、

・**仲を深めるチャンス**

・**自分を成長させてくれるチャンス**

でもあります（もちろん、いじめにつながるようなトラブルのときはチャンスだとは思いませんが…）。

✏️ 「思ったことを相手に伝えていたか？」の指導

1年生のうちは相手から何か嫌なことをされたとき、すぐに手が出てしまう子がいます。こういったときには、「手が出てしまう」ことよりも**「ちゃんと自分が嫌だったことを相手に伝えたのか」**ということをメ

インに指導します。

　ちゃんと自分が嫌だったことを相手に伝えることができたら、相手も理解して謝ってくれるし、手を出す必要もなくなります。

　でも、発達段階を考えると、なかなかできないことです。だからこそ、何度も何度も子どもたちに「ちゃんと自分が嫌だったことを相手に伝えたのか」ということを指導することが大切です。

✏️ 「ごめんね・いいよ」で終わらせない

　トラブルは、「ごめんね・いいよ」で済ませてはいけません。この「ごめんね・いいよ」は悪魔の言葉とすら思っています。

　どれほど怒っていても、相手が「ごめんね」と言うと、条件反射のように「いいよ」と言ってしまい、トラブルの話し合いがそこで終わってしまいます。こちらも安心して話し合いを終わらせてしまうと、実は不満だらけだった…ということも多くあります。

　謝って終わらせるのではなく、しっかりと一人ずつ話を聞いていくことが大切です。そして、お互いモヤモヤしていることはしっかりと吐き出させます。そうすることで自分がダメだったことなどが見えてきます。そこまでしたのちの「ごめんね・いいよ」であれば構いません。

✏️ 最近はトラブルが少ない？

　最近は逆に1年生の子ども同士のトラブルが少なすぎるのでは？　と思うときがあります。冒頭にも書きましたが、トラブルは仲を深める、自分を成長させてくれるチャンスです。

　だからこそ、1年生のときに、さまざまなトラブルを経験しておいてほしいと思っています。低学年のトラブルの多くは「ごめんね・いいよ」で終わるトラブルです。中学年・高学年になるとそうはいきません。ややこしいトラブルばかりです。

4 1年生は悪意のない 発言をしてしまうもの

✏ 1年生の悪意のない発言

「こんなこともできないの？」
「私はもう〇〇ができる」
「僕はこんなことを知っているよ」
「まだできないの？」

1年生の子どもはついこんな発言をします。また、すぐに答えを言ってしまう子もいます。

正直、このような発言を聞いたとき、以前はイライラしていました。しかし、いまは**悪意のない発言**だと考えています。子どもたちは悪意があって言っているわけではないのです。ただ、単に自分のことを伝えたいだけなのです。もしかしたら、できていることを伝えて、ほめてほしいのかもしれません。

悪意のない発言だと思うのですが、こういった発言は、**相手意識の欠如の発言**だと私は考えています。

私はその子自身がこのように思うこと自体は構わないと思っています。しかし、その発言によって、マイナスな気持ちになる子がいるため、たとえ心の中で思っていても、口に出してしまうことは間違っています。相手意識があれば、このような発言はしないはずです。

ですから、先生もイライラせずに相手意識という視点で答えたらよいのです。

悪意のない発言①「めんどくさい」

　その子にとっては本音なのでしょう。なぜめんどくさいのかを考えないといけません。このような発言が出てきたときは、授業が面白くないのか、理解ができなくて実は困っているのかなどを考えないといけません。

　この場面では、「あなたがそのように思うのは構わない。でも、それを言うことによって、周りの子がやる気をなくすから口に出すのは間違いだよ」と言います。

悪意のない発言②「したくない」

　「したくない」も「めんどくさい」と同様で、なぜしたくないのかという理由を探っていかないといけません。問題ができない、間違えることが恥ずかしい、間違えたことを他の子に知られると嫌といった理由もあるでしょう。

　子どもたちは計算ができればよい、漢字が書ければよいなど、○○ができていれば、○○を知っていれば、という技能面や知識面さえできるようになっていればよいと考えがちの年代です。

　そういった技能面、知識面も大切なことですが、学校で学ぶ意義は他の子たちと考えたり、話し合ったりするということです。その中で自分では思いつかなかった考えを思いつくこともあります。それが楽しさでもあります。

　だから、他の子たちと考えたり、話し合ったりする活動に何度も取り組んでいくことで、このような発言もどんどん減っていきます。

　私はどんな学習の場面でも、「これまでに学習してきたことを使って他の人と考えることができることがステキな姿」だと子どもたちに言い続けました。

5 1年生が自分で できる仕組みをつくる

✏️ 自分でしたい欲求を挑戦に向かわせよう

　1年生は「自分でしたい欲求」がとても強いです。だから、したいと思うことはどんどん挑戦していける場をつくっていきたいものです。

　だからといって、どんなことでもしてよいというわけではありません。安全面や相手のことを傷つけるようなことを許してはいけません。学校内のルールもあります。無茶をするのが1年生、こちらの予想を超えるのが1年生です。

　そこで、子どもたちが自分でできる仕組みをつくり、その中で自由に取り組ませます。

何も枠組みがない中で自由に取り組むのと、ある程度の枠組みがある中で自由に取り組むのとでは、後者の「ある程度の枠組みがある中で自由に取り組む」方が実は子どもたちは自由に動くことができるのです。

✏️ 子どもたちに取り組ませないのはなぜ？

　子どもたちが自由に動くことに取り組ませない理由は、
・時間がかかる
・子どもが取り組んだ表現物の見た目を気にしている
といったことが考えられます。こんなふうに偉そうに書いていますが、私自身が思っていたことです。

✎ 子どもたちは経験がないだけ

　たとえば、１年生の子どもたちは、給食をよそおうとしたとき、よくこぼします。でも、そんなものです。「そこで、どうしてこぼすの!?」と叱ってはいけません。もちろんふざけてしていたときは話は別です。

　よく考えてみてください。クラスに35人いたら、35人分の量が入った入れ物がやってきて、それを一人ひとりに配膳するのです。そんな経験をこれまでしてきたことがない子がほとんどです。

　家庭でよくお手伝いをしていたとしても、数名の配膳とクラス全員の配膳ではわけが違います。だから、わざとではない失敗であれば、厳しく言う必要はありません。**うまくできたら丸儲け**というそんな気持ちでいましょう。

　失敗しても、その後、失敗をカバーすればよいのです。こぼしてしまったときには子どもたち自身が後片付けをするようにします。ある年は、給食台の上に新聞紙を敷いておき、配膳が終わったら、その新聞紙を捨てるということを行っていました。

　うまくできたら丸儲けと思うとハードルが低くなり、どのような子どもの姿にも「この子たち、頑張っているな〜」と思うことができるようになり、**子どもとの接し方もどんどん優しくなれる**でしょう。

　まとめると、

- **・子どもたちがしたいことはどんどん取り組ませる**
- **・失敗しても、失敗のフォローをすればよい**
- **・教師はフォローしていくが、フォローしすぎない**

ということになります。

　子どもたちの行動が遅かったり、なかなかできなかったりするのは経験が不足しているからです。失敗をしても、何度も何度も取り組んでいくと、確実にできるようになってきます。

1年生の子どもの
話を聞くために

✐ 子どもはそもそも理解できないもの

「はじめに」でも書きましたが、1年生は「宇宙人」と言われることがあります。1年生の言動からは、何を考えているのか、なかなか読み取ることができません。そのため、その子を理解できないと思われている方も多いことでしょう。

ただ、どんな子どもであっても、**子どもたちのことを完全に理解することはできない**ということは意識しておいた方がよいです。これは1年生に限らず、他の学年でも言えることです。

完全に理解できないからこそ、

・**子どもの情報を集める**
・**子どもの話を聞く**

といったことが大切になってきます。

✐ だから話を聞く

ある年に担任した1年生クラスでは、水筒でお茶を飲みながら、「ウー」と叫ぶことが流行っていました。大人からしたら何が楽しいのかわかりません。

同じように、話をしていても、その子は一生懸命に話をしているものの、何を言いたいのかわからないことがあります。そんなときは、わ

かったふりをするのではなく、**「ごめんね。よくわからない」と素直に言えばいい**のです。素直に言うことで、子どもも自分の話を聞いてくれているんだと思うことでしょう。一方で、わかったふりをすると「この人適当に聞いているな」と思うことでしょう。

　場合によっては、話を聞けないときもあります。そういうときも、「ごめんね。いま聞くことができない」とはっきり言えばいいのです。

　このように卒直に言えば、その子が一生懸命にさらに話をしてくれたり、違う子が「その子は○○と言いたいんじゃないの？」とフォローをしてくれます。大人に伝わっていなくても、他の子どもには伝わっていることも1年生では多くあります。話を聞けないときも、後から話をする場をつくることでその子も自分の気持ちも落ち着くでしょう。

🖊 子どもたちと視線を合わせる

　私は授業中に黒板の前に椅子を持ってきて、座ることがあります。1年生の担任をすると、よく座ります。40代近くになり、体力が落ちてきた…と思われたかもしれませんが、そうではありません（笑）。

　子どもたちと視線を合わせたいためです。高学年を担任するときにはあまり座りません。1年生を担任したときには、意図的に座ります。私の身長は183cm。黒板前には段があったため、段の上から子どもたちを見ると、見下ろすかたちになります。なにかと威圧的になってしまいます。

　だから、体育のときには膝立ちをして、子どもたちと視線の高さを合わせるようにしています。子どもが前で発表しているときには、発表している子どもの席に座ることがあります。座って子どもたちからどのように見えているのかを探るときもあります。

　こういった姿勢をとることも子どもの話を「聞く力」につながります。

7 1年生の子どもの話を整理する

整理をしないとだめ

　ここまで、子どもの話を聞くということが大切だと書いてきましたが、1年生の子どもたちは**筋道立てて話をすることが難しい**です。自分の感情のままに、いま思い浮かべていることをどんどん言ってしまいます。これは発達段階を考えると仕方がないことです。

　トラブルのあったときは話を聞くだけでなく、**話を聞いた上で教師が整理をする**ことが求められます。整理をせずに、話を聞いて指導をすると、間違えた指導をしてしまう可能性があります。

　整理をすると、何が原因なのかということもわかります。

音読発表会の練習トラブル

　ある日、音読発表会の役割分担を子どもたちで決めたとき、そのうちの一人が、「勝手に自分の役割を決められた」と訴えてきました。でも、周りの子は「そんなことない」と言っています。

　そこで、ホワイトボードを使い、子どもたちの話を整理していきました。

①まず、一人ずつ話を聞いていくことを子どもたちに伝える。その
　際に、みんなの考えを整理していくためにホワイトボードに書い

ていっていいのかを聞く

②一人ひとりに話を聞いて、ホワイトボードに書いていく

③整理したことを子どもたちに伝え、考える場を設ける

整理したときのホワイトボードが下の写真になります。

　5人中4人が同じ役をしたいことになり、みんな納得の上で、じゃんけんをしました。そのじゃんけんに負けた子たちが第2希望として、勝手に役を決めていったというのが、このトラブルでした。

　そこで、「第2希望の子たちは、またそこでお互いの希望を聞かないと決定できないよ」と子どもたちに言い、子どもたちは納得した上で第2希望について話し合っていきました。

　子どもたちはホワイトボードに整理されていく中で、自分たちで何がいけなかったのかに気づき始めていました。

　時々、みんな納得の上でじゃんけんをしているにもかかわらず、自分がじゃんけんで負けたことに納得していない子がいます。その場合は、「みんなで納得してしたんでしょ？　それなのにそんなこと言っては、周りからわがままだなと思われるかもしれないよ」と言うようにしています。

幼児期の終わりまでに育ってほしい「10の姿」

COLUMN 1

　平成29年告示の学習指導要領の改訂の際、同じく幼稚園教育要領、保育所保育指針、幼保連携型認定こども園教育・保育要領が改訂され、乳幼児から高校まで子どもの学びについての方針が一貫されたものになりました。その乳幼児に対する方針の中で「幼児期の終わりまでに育ってほしい姿（10の姿）」が示されました。これは、幼児期の終わり、すなわち小学校入学までに育んでほしい姿や能力のめやすが示されたものです。

　10の姿は、**①健康な心と体、②自立心、③協同性、④道徳性・規範意識の芽生え、⑤社会生活と関わり、⑥思考力の芽生え、⑦自然との関わり・生命尊重、⑧量・図形、文字等への関心・感覚、⑨言葉による伝え合い、⑩豊かな感性と表現**、になります。

　この10項目を、すべて平均な子と、できているところとできてないところがある子、みなさんはどちらの子どもを望みますか。

　私がInstagramで「どちらの姿をのぞみますか」というアンケートを実施したところ、全336票で、すべて平均な子どもが51票（15%）、できているところとできていないところがある子どもが285票（85%）という結果になりました。そもそも、すべてが平均な子はほぼおらず、10の姿のバロメーターは個人によってバラバラなのではないかと考えています。それがその子の個性にもつながることでしょう。この10の姿は小学校入学後も、育てていく10の姿です。

　漫画『ドラフトキング』（クロマツテツロウ、集英社、野球のドラフトの漫画）では、「走攻守三拍子そろってるっていうのは、言い方を変えれば取り柄がないってことだろ」という表現がありました。私も平均的な子よりもできているところとできていないところがある子どもの方が、より「のびしろ」があるのではないかと考えています。

第2章

ここが大事！
1年生を自立させる
クラスづくりの基本

低学年向け独特の言い回しをやめよう

✏ 1年生の先生がよく使う言い回し

　授業を参観しているとき、下のような先生と子どもの会話のやりとりを実際に聞いたことがあります。このやりとりに思わず私は笑ってしまいました。下記のセリフのうち、その様子を見ていての私の心の言葉が（　　）の言葉です。

　先生　「さぁ、みんなできましたかぁ？」
　子ども　「なんでそんな話し方なの⁉」
　私　（子どもたちにバレている）
　先生　「そんなこともできてすごいな〜」
　子ども　「え⁉　別にすごくないよ」
　私　（確かにどこがすごいんだろう…）

　私自身もおそらく自分が小さい頃から、歌のお兄さん・お姉さんのような喋り方や大げさなリアクションがとても苦手でした（これで伝わるでしょうか）。いまだにこのような様子を見ると、寒気が起こります。

　おべんちゃらを言っている、何か気を使いすぎていると思ってしまいます。また、子どもを馬鹿にしているようにも聞こえます。

　もちろんこのような教師の言動で勇気づけられる子はいます。でも苦手な子もいるのです。

✎ 素でいられる環境を目指そう！

　冒頭の先生の言動は、本音なのでしょうか。それとも演技なのでしょうか。教師は役者であれという言葉を聞いたことがあります。冒頭の先生の言動は役者を演じているのでしょう。

　ただ、私は**子どもも教師も「素」でいられる環境**を目指しています。もちろん子どもたちの前に立つということで、演じないといけない部分もあると思いますが、「苦手なことは苦手」「先生は悲しい」と自分の素の感情を伝えたらよいのです。

　また、演じている先生の言動は1年生でも見抜きます。見抜いた子どもはそれに付き合ってくれているか、しらけているかだけです。

✎ すごいと思ったことは保護者と共有

　だから、私の中では**本当にすごいときにすごいと言う**ようにしています。そして、それを保護者にも学級通信で配信するのです。そうすることで、保護者にもこういうステキなことがあったのだと伝わります。

　先日も以下のようなことを配信しました。

　先日、給食終わりで掃除のために机・椅子を下げているときに気づいたことがあります。自分の机・椅子を下げて終わりではなく、列のみんなで協力して、机・椅子を下げていました。

　そして、それができてから遊びに行っていました。

　最初は自分のだけでしたが、いつの間にか…。みんなの仲間意識なのかなと微笑ましくその様子を見ていました。

　掃除もこちらが何も言わなくても、自分たちで役割を確認し、しっかりと取り組めています。

　大きく成長したなぁと感心していました。

2 子ども自身が 失敗することも大切

失敗しない人はいない

　某ドラマでは「私失敗しないので」という名セリフがありました。

　でも、それはドラマの世界の中であり、子どもに限らず、大人でも失敗はあります。時々、「失敗したことがない」と言う子に出会うことがありますが、その子は失敗していることを隠しているか、失敗していることに気がついていないのかのどちらかでしょう。

　私も失敗をすることは嫌です。恐いです。そして、恥ずかしいです。でも失敗はつきものです。

　40ページの「1年生への給食指導」にも書いていますが、日常生活では失敗がたくさん起こります。そんな数多くある失敗を**どこまで許すのかということを教師が明確に持っておく**ことが大切になってきます。

　大切なことは失敗をしないことではなく、**失敗をした後にどのような行動をとるか**です。子どもたちにもこのように話をしています。きちんと一生懸命に行動することができれば、失敗は帳消しになるのです。

　ただ、そうは言っても、場面によっては失敗してはいけないこともあります。私は、以下のこと以外は失敗してもどうにかなると考えています。

失敗してはいけないこと

　たとえば、タブレット端末に関わることでは、

・なりすまし

・不正ログイン

・SNS などへの不用意な発言 (デジタルタトゥー)

などはしてはならないこととして事前からの指導が必要でしょう。

　もちろん、いじめにつながる言動などは失敗などではなく、してはいけないことです。最近であれば、コロナ感染をした子への言動もよく考えたうえで行動しないといけないことです。

　ある日、書いた学級通信です。

　今日は朝に子どもたちにこういう話をしました。今日も欠席している子はいます。いろいろな理由でオンラインで参加している子もいます。欠席している子が、何を怖がるかといえば、学校に来たときに何を言われるのかということ。本当に心配して、「大丈夫？」と言ったとしても、相手にとってはとても嫌な思いになるということもあります。言葉には気をつけないといけません。とてもむずかしいことです。だから、休んでいる子たちが学校に来たときにこれまでのようにいつもどおりの温かい雰囲気で迎えてほしい。みんなならできます。

✏️ 「どんまい！」で明るくフォロー

　子どもが失敗をしたとき、「どんまい！」と言うようにしています。すると、いつの間にか私が「どんまい！」と言ったとき、「どんまい先生！」と言い返し、子どもたちは笑顔になっていきました。もちろん笑ってすまされない失敗もありますが、通常の失敗では、失敗したときに笑顔になる (ヘラヘラではありません) ぐらいで、失敗したことを修正する行動に移すぐらいがちょうどよいです。

3 1年生であっても 厳しく叱るときは叱る

叱るときに気をつけていること

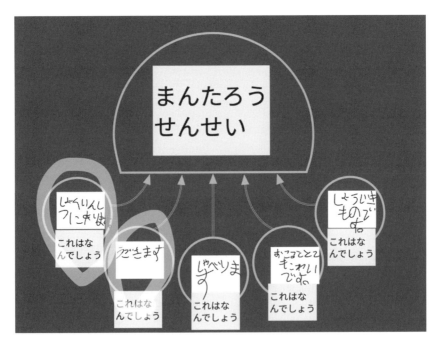

上の写真は、国語の学習で学校にあるものを答えに質問づくりをした ものです。上が答えになり、下が質問になります。

よく見てみると、「おこるととてもこわいです」と書いてあります。

私の中では、感情的に怒るのではなく、その子たちの成長につながるよ

うに叱っているのですが、子どもたちにとってはこのように思うのでしょう。ある子に、「万太郎先生は叱っているときと普段の違いがとても大きい」と言われたことがあります。

　厳しく叱ると、内心はどのように思っているかはわかりませんが、子どもたちは話を聞きます。だからこそ、叱ったときに

・自分が言っていることはこの子のためになっているのか

・自分の思いどおりに子どもをさせたいようにしていないか

ということを考えています。

✏ 叱るときの基準

　私が叱るときは、「自分」と「相手」という２つの基準に分かれます。

「自分」…自分に不誠実なとき、手を抜いたとき、自分のことを悪く言ったとき、何度も同じことをしたとき

「相手」…いじめにつながるとき、相手を傷つけたとき、相手にマイナスを与えたとき

　ここまでにも書いているように、子どもが失敗をしたことに対して、基本的には叱りません。私が叱る基準は、「相手意識が欠如していないか？」という基準が圧倒的に多いです。授業中、うるさくしているのも相手意識の欠如と考えることができます。これは高学年でも同様です。

　「なぜそれをしたらダメなのか」ということがわからないのが１年生です。だから、「こういうことはしたらダメなんだ！」ということを言って考えてもらうようにしています。

　そのため、私は「～と先生は思うんだけどどう思う？」と投げかけるようにしています。そうやって、共に話し合っていくことが大切です。

子どもにも、謝る・お願いする

先生も間違えたときは謝る

自分が間違えたとき・失敗したときには、「先生が間違えていた。ごめんなさい」と言います。ごまかすということはしません。

昔、「子どもに謝るなんて教師としてのプライドはないのか」と先輩から指導されたことがあります。しかし、現在はそんな時代ではありませんし、そもそも子どもに謝らないプライドの意味がわかりません。

29ページで、子どもたちが私のことを「どんまい先生」と言うと書きましたが、子どもたちは私が「ごめんね」と言うと、「ごめんね先生」と言うときもあります。

本当にごめんねと思っているため、「ごめんね」と言っています。ごめんねと思わないのであれば、言わない方がよいです。子どもたちはそれを見抜くことでしょう。

私が「ごめんね」と言うとき

私は授業では子どもたちの考えたいこと、不思議に思ったこと、わからないことといった「問い」を大切にしながら、授業を進めています。そのため、「こんなことを考えてみたい」「こういう考えがあるんだけど」「これを言いたい」という子どもたちがたくさんいます。

このような姿はとても嬉しいことです。子どもたちに望んでいた姿で

もあります。しかし、すべての考えてみたいこと、話したいことを取り上げると時間が足りなくなる、本時で達成したい目標を達成できないかもしれないといった教師の思惑もあります。

　そのため、どうしてもすべての問いや考えを扱えないときに、「ごめんね」と私は言うようにしています。

　一時期は「ごめんね」よりも「ありがとう」と言うようにしようと思っていた時期もありました。ごめんねはどちらかといえばマイナスな言葉です。でも、本気で思うときは言った方が子どもたちにしっかりと伝わるのではないかと考えています。

　だから、いまはどんなことにも「ありがとう」と同様に「ごめんね」と言うようにしています。

✏️ 子どもたちにお願いをする

　私は子どもたちにどんどんお願いをします。
「いま、こういうことに困っているんだけど…」
「ちょっとお願いがあるんだけど…」
と聞いていきます。このように言っても子どもたちは断るときがあります。そのときには、あきらめます。無理に取り組ませることはしません。

　コロナウイルス感染症の濃厚接触者になり、学校に行くことができない期間がありました。来週の学習予定を作成しているとき、算数ドリルを持ち帰ることを忘れたため、範囲がまったくわかりませんでした。

　そこで、オンライン授業をしているときに、子どもたちに「ちょっとお願いがあるんだけど、まだしていないドリルのページを教えて」と言いました。すると、何人かの子どもたちが教えてくれました。さらには、私が言っていないことも自分たちで補足して話したりしてくれていました。自分たちで動いていました。そこで、「本当にありがとう!!　めっちゃ助かりました!!!」と言いました。

子どもの リクエストを聞く

私にとってはほめ言葉

　樋口学級の１年生の子どもたちを参観された人たちから、
「樋口学級は自由ですね」
「樋口学級の子どもは人懐っこいですね」
「樋口学級の子どもたちはいい意味でとても生意気ですね」
などの意見を言ってもらったことがあります。どれも私にとってはほめ言葉です。

　こういった学級の様子は最初からあったものではありません。１年かけて培われていくものです。とくに、子どもたちからのさまざまなリクエストに応えていくうちに、こういった学級の雰囲気がつくられていきます。

　右の写真の画面に映し出しているのは、ある子どもがつくったスライドです。音読発表会をするときに、「先生、これを映し出して〜」とリクエストをしてくれました。もちろん採用です。これ以降、音読発表会があるときは他の子もつくり、自分のつくったものを掲示してほしいというリクエストがたくさんありました。

　このように、**子どもがリクエストをして採用されたものは他の子どもたちにとっては憧れになる**のです。

子どもがつくってくれた画面

✎ 1番嬉しいリクエスト

　私が1番嬉しかったリクエストは、私が濃厚接触者になったときの取り組みです。私は家から、子どもたちは学校で一人ひとりzoomに入り、授業をしているときでした。子どもたちはイヤホンを持っており、私が指名したときにマイクをオンして、発表をしていました。

　この方法では教室での対面授業と違い、どうしてもタイムラグが生まれます。スムーズにいかないことを子どもたちも実感しているようでした。

　すると、ある子が「先生、こっちで発表をする子をあててもいい？」とリクエストをしてくれたのです。72ページで紹介している相互指名を子どもたちだけでしようというのです。とても嬉しく、子どもの成長を感じた瞬間でした。

6 1年生で 身につけさせたいこと

身につけてほしい2つのこと

　1年生で身につけてほしいことといえば、ひらがな、カタカナ、漢字、たし算、ひき算…。そんなことを思いつきますが、私の場合は**「挑戦する」「他者とつながる」**といったことを思い浮かべます。

　挑戦したからといって、常に成功するわけではありません。失敗することもあります。成功よりも失敗の方が多いかもしれません。ただ、**挑戦し、失敗することで学ぶ**ことも多くあります。

　失敗することが恐いから挑戦をしたくない子がたくさんいます。だから、挑戦し、失敗をたくさん経験することで、失敗することの免疫をつけてほしいと思っています。

　一度の失敗でここまで落ち込むのかと思うぐらい落ち込む子に出会うことがあります。これは失敗の経験が足りないのでしょう。失敗を積み重ねると、自己肯定感が低くなるという話を聞いたことがあります。それはそうだと思います。そうならないためには、**失敗のままで終わるのではなく、失敗をした後が大切**です。

フォローでは2つのことを考える

　失敗をした後のフォローで私は、

・**失敗を成功への上書き**

・知識でも道具でも「使う」という経験を積む

の２つを考えています。

　たとえば、手を挙げて答えを言って、間違えた子がいたとします。しかし、その子がその直後、「あ！　わかった！」と言っていたら、その子を再び指名したらよいのです。そして、正解したら、「よく気づいたね！」とほめることで、失敗が成功へと上書き保存されます。変に「失敗したけど大丈夫だよ」と励ましをしなくてもよいのです。

　学習の中で、知識やタブレット端末を「使った」という経験を積むことはその子の成功体験を積むことへとつながっていきます。

　子どもたちはタブレット端末をどんどん使っていきます。ゲーム感覚のように使っているのはもちろんのこと、タブレット端末を使い、自分の思考を表現していくことに有効性を感じるからです。

　また、知識を使って新たな考えを創造していくということに学習の楽しさもあります。

🖉 他者とつながる

　さらに、とにかくこの時期は他者とつながる経験を積んでほしいと考えています。この時期の子どもたちは自分の仲が良い人だけでつながりがちです。しかし、普段話をしない人でも実際話をしてみると、すぐに仲良しになれるのがこの学年の子どもたちでもあります。

　そのため、授業では他者とつながる機会となるような取り組みを多く行うようにしています。もちろん自分の思いばかりを伝えてしまったり、相手が傷ついてしまうような口調であったりなどトラブルはありますが、それも想定内です。

COLUMN 2 保護者に対して思っていること

　最近、保護者から言われることで、気になっていることがあります。

　「先生に伝えると、そんなふうに見られないか心配しています」「これを伝えようか迷うんですけど…」「私、モンスターペアレントではないので…」といったことです。これを言うと、**自分の子どもが不利益を被るのではないかということを心配している家庭が増えてきたように思います**。匿名のメールや電話もあったりします。

　「モンスターペアレント」という言葉は、教育関係者だけでなく保護者のみなさんも知っている言葉になりました。

　「モンスターペアレント」とは、「うちの子を劇の主役にしろ！」「うちの子を合奏の指揮者にしろ！」など、周りのことを考えずに、我が子だけのことを考えた理不尽な要求をしてくる親のことです。

　「先生、うちの子、こういうことができません…。教えてくれませんか」「友達関係、どうなっているんでしょうか…」といった保護者からの要求は理不尽な要求ではありません。

　そもそも1年生の保護者の中には、初めて小学校に子どもが入学する家庭もあります。そんな保護者のみなさんにとっては、小学校に対してたくさんの疑問があってもおかしくありません。とくに4月、5月にたくさん連絡帳にコメントがあるのは、保護者も不安だからです。

　そういった保護者を「モンスターペアレント」と思われている方は少なくありません。そのような保護者は「モンスターペアレント」ではありません。とくに1年生担任は意識しましょう。

　保護者のみなさんには、教師の側が気づかぬうちに迷惑をかけていることもあります。学校の学習活動に保護者が協力してくれていることもあるでしょう。だからこそ、教師の側が自分にできることは精一杯していこうと考える姿勢が必要だと思っています。

第3章

できないことを育てる！
1年生の生活指導の
ポイント

1年生への給食指導

✐ それぞれ適切な量を

　私はラーメンが大好きです。読者のあなたとラーメン屋さんに行ったとします。そこで、私から「たくさん食べなさい！　じゃあ、僕と一緒のラーメン大盛りで！」と言われたらどうでしょうか。「大盛り」で喜ぶ人もいれば、「食べ切れるかな〜」と思う人もいることでしょう。

　あたりまえですが、私の食べる量とみなさんの食べる量は違います。子どもでもそうです。私と子どもの食べる量が違うのはあたりまえのこと。子ども同士でも違います。

　お店によっては、麺の量を少なめ・普通・大盛りと細やかに選択することができます。というように、一般社会では自分に適切な量を選択することができます。

　しかし、給食ではどうでしょうか。全員が同じ量です。個人個人にカスタマイズはされていません。目指すは、**食べる量が個別最適な量になる**ことです。

　そのために、あらかじめ量が少なくていい子は、白色の画用紙を立てるようにしました。これによって、先生だけでなく子どもたちも誰の分を少なくすればいいかがわかります。だから、少ない量のお皿をその子に配膳することができます。そして、その上でさらに量の調整をするようにしています。

✏️ 基本的な給食システム

私のクラスでの基本的な給食システムです。

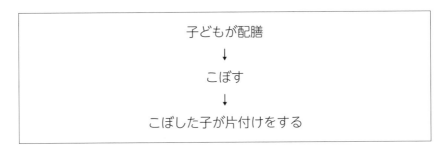

子どもが配膳
↓
こぼす
↓
こぼした子が片付けをする

「こぼしても気にしないで大丈夫」
「こぼした後にほったらかしをしていたらだめだけど、片付けたらオッケー」
と言い、子どもたちに安心感を与えるようにします。

　子どもたちは、片付け方を知らない可能性が高いです。だから、1学期のうちは、片付け方を子どもたちに教えます。まったく教師が手伝わないということではありません。

　子どもが片付けたら、「これで大丈夫。まったく気にしないでね」と言うようにします（コロナ禍によって、大人が配膳していましたが、コロナ禍でなければ、子どもたち自身で配膳させていきます）。

✏️ 好き嫌いも少しだけチャレンジ

　給食指導といえば、「好き嫌い」です。私は「嫌いなもの」も一口は食べようという指導をしています。「嫌いなもの食べた！」と言って、ちょっとしか食べない子もいます。その子には、本当に一口なのか笑いながら問い返すようにしています。

　私の給食指導はそこまで厳しくはありません。厳しい給食指導によって、給食嫌い、学校嫌いになってしまうことも考えられるからです。

2 1年生への掃除指導

✏ 床がビチャビチャ

子どもたちが雑巾がけをした後の
教室です。ビシャビシャです。みな
さんだったらどうしますか。

私は雑巾を持ち出し、拭くように
しています。すると、だいたい一緒
に拭いてくれる子がいます。そのと
きは、「ありがとう」と感謝を伝え

ています。こういったときにこそ教師はサポートをすればいいのです。

本当はビシャビシャになってほしくはないです。でも、1年生の子ど
もたちの雑巾をしぼる力は弱いです。だからある意味、仕方がないので
す。どの子も一生懸命に取り組んだ結果です。

「ビシャビシャにならなかったら、よりレベルアップだよ」とは子ど
もたちには伝えます。1学期に比べると3学期はビシャビシャの度合い
が減っていきます。成長していくということです。

✏ 掃除当番と掃除当番表

掃除当番は、座席の縦の列（号車と読んでいます）ごとにしていまし
た。そして、右の画像のように、その週はどの号車がどの掃除を担当す

るのかを示しています。

　号車にすることで、声をかけ合いながら取り組むことができます。ほうきの使い方、机の運び方、雑巾がけの仕方などは最初に教えることです。教えたことは号車ごとに確認することができます。

　また、特別かわいらしい掃除当番表などはつくりません。1番最初の頃は注目を浴びますが、それ以降はとくに子どもたちからも反応がありません。だから、このようにシンプルな形にしています。

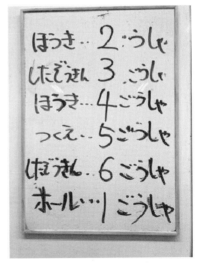

掃除当番表もごくシンプルに

✏️ 嫌がる子が多い雑巾

　冬、子どもたちは雑巾がけをすることを嫌がります。みなさん、気持ちがわかるでしょうか。私も子どものとき、冬の拭き掃除が大嫌いでした。理由は、雑巾を洗うときの水が冷たいからです。

　そこで、私は冬になると、家庭科室や保健室などからお湯をバケツに2杯いれて、教室に持って行っていました。お湯だと、雑巾を洗うときに冷たいと感じることがないからです。水が冷たいと、最後に雑巾を洗うことが適当になったり、きちんとしぼらなかったりしてしまいます。

　お湯にしたことで、子どもたちからは大好評です。そして、しっかりと雑巾を洗ったり、しぼったりするようになりました。

　私が子どものときは教室にあったストーブでお湯を沸かし、そのお湯を先生は入れてくれていました。その思い出があるから、このような取り組みをしたのかもしれません。

日直を導入しよう

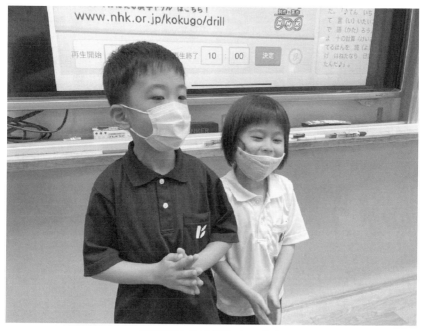

授業開始の挨拶をする日直

日直の3つの仕事

① 授業開始の挨拶

「いまから○○の学習を始めます。今日は、△△をします」

②毎日ホワイトボードに時間割を書く

③給食の号令

　日直の仕事はこの３つだけです。

　当初は「②毎日ホワイトボードに時間割を書く」ことは仕事として入っていませんでした。ホワイトボードは当初私が書いていました。その様子を見て、多くの子どもたちが自分たちで書きたいと言ってきました。そこで、全体で確認して、日直の仕事に付け加えることにしました。

　ホワイトボードの横に、学習予定表を貼っておきます。これを見ながら、子どもたちはホワイトボードに学習予定を書いていきます。

時間割も日直が書く

　このようにすることで、自分たちで取り組むことができるシステムになります。

　だから、日直の子どもは朝登校すると、自分たちでホワイトボードに私が何を言わなくても書き始めます。ホワイトボードに書く字は、子どもたちがわかれば少し乱れていても構いません。字のきれいさを求める目的ではなく、自分たちで考えて動くことができることを目的としています。

✏️ 日直が１周すると席替え

　日直は隣の席同士のペアで行っています。学級に 36 人いれば、18 ペアができます。そのペアが１周回ると席替えというようにしています。

　２学期からは日直がスピーチをするようにしたり、１周するとスピーチのテーマを変えたりするようにもしています。

係活動をしよう

当番活動と係活動

当番活動と係活動は別物です。

当番活動…学級で必ず必要な活動

係活動……クラスがよりよくなっていくための活動

と考えています。日直、給食当番、掃除当番は当番活動にあたります。

過去には、1人1当番に取り組んだこともあります。

・**1人1当番制…1人1つ当番が割り当てられている**

これだと自分の役割がわかり、子どもたちも取り組みやすいでしょう。

実は私は、本当は係活動は必要ないと思っています。係活動を決めた頃は、みんな積極的に取り組むものの、取り組まなくなる子が出始め、「先生、係活動をしてくれません」と訴えがあります。そのたびに、その子を叱る必要が出てきます。叱られた子は叱られた直後はまた一生懸命に取り組むものの、また…。この悪循環がとても苦手です。

また、教師視点でいうと、子どもたちが必要感を生み出せないということに責任を感じてしまいます。また係活動に取り組む時間をなかなか設定することができず、休み時間に取り組ませるようになっていることにも反省をしています。

そのため、叱るというのではなく、取り組んでくれたら丸儲けという気持ちを持つように、前向きに取り組んだ子たちにどんどん**「取り組んでくれてありがとう」と感謝を伝える**ようにしています。

✎ 1年生の樋口学級の係活動

・おとしもの
・たいそうふく
・ノート返し
・きゅうしょくぶくろチェック
・アップルペンシルチェック
・タブレット
・しゅくだい返し

　以前はなかった係として、「アップルペンシルチェック」「タブレット」係があります。

　アップルペンシル係とは Apple Pencil を定位置に戻しているかをチェックする係です。タブレット係とは、充電の位置にタブレットが戻してあるのかをチェックする係のことです。

✎ 係を見直し

　これが、2021年度の1年生の樋口学級の3学期の係活動でした。1学期は「クラスがより良くなっていくためにはどんな係が必要かな」と子どもたちに聞いただけでなく、最初は、私の方からこのような係をしようと提案をしていきました。

　2学期からは、「活動がなかった係活動は無理に活動する必要はない」ということを子どもたちにも伝え、係活動の見直しをしていきました。

　たとえば1学期から行っていた水筒チェックはなくなりました。2学期の途中から、机の上に水筒を置き、いつでも水分補給をしてもよいということにしました。そのため、必要性がなくなり、その係はなくなりました。

5 1年生に
時間を意識させる

🖊 時間という意識がないのはなぜ？

　休み時間が終わっても、子どもたちが教室に戻ってこない…、チャイムがなってもなかなか授業の準備が終わらない…、そんな子どもたちに出会います。

　どうして、子どもたちは時間を忘れてしまうのでしょうか。理由として、3つ考えることができます。

　1つ目は、アナログ時計を読むことができない子が多くいることです。そのせいで、「時間」という意識が子どもにはないのかもしれません。以前から言われていますが、1年生の子どもたちにとって、アナログの時計を読むことは一苦労です。

　だから、学期当初はiPadのタイマーやねずみタイマー（LITALICO）を使用して、時間を可視化するようにしています。

iPadのタイマー　　　　　ねずみタイマー

✎ 先生こそが時間を守る

　2つ目は、教師も時間を意識することができていない場合です。授業の終わりのチャイムを超えても授業を進めてしまう先生がいます。子どもたちにとっては、授業の終わりのチャイムは終わりなのです。たとえ、授業が盛り上がっていたとしても、終わりなのです。

　それを超えて、授業を延長すると、子どもたちの中で「終わりなのになんで！」「業間休みの時間が減ってしまう！」という思いが出てきます。

　1年生の子どもたちにとって、先生は身近にいるお手本になるべき存在です。その先生が時間を守らないということは、つまり、**時間を守らなくてもいいよというお手本を示している**ことになります。だから、授業が途中でも盛り上がっても、授業を終えて、続きを次の授業で行うという勇気を持たないといけません。

　授業始めもそうです。何かの理由で授業始めに遅れることはあります。そんなときは、日直が先生がいなくても始めの挨拶をしたり、学習を進めておいてオッケーということにしておきます。

✎ 相手意識をもたせる

　3つ目は相手意識の欠如です。自分が遅れたことで、全員が待っていることになります。待っている時間がもったいないです。1、2分も1年間で考えると、膨大な時間となってしまいます。

　自分の学習に遅れが出る分には自己責任ですが、他の人との約束に遅れたときは**自分のせいで、みんなを待たせている**ということを気づかせる必要があります。ときには、「待たせてごめんなさい」と子どもたちに伝える必要があります。**相手意識は日々の学級の生活の中で育てていく必要があるものです。**

1年生のトイレ指導

大前提は授業中トイレに行ってもOK

　授業中に「トイレに行きたいです」と子どもたちが言ってきたときには、「行ってきても、オッケー」にします。ここで、「我慢しなさい」という時代ではもうありません。これは全学年でも言えることです。万が一、いまだに「我慢しなさい」という指導をしているのであれば、即刻やめましょう。

　一方で、4月当初から、休み時間中にトイレをしっかりすませておくことを習慣化していくように、子どもたちに言い続ける必要があります。

　授業中にトイレに行くことは構いませんが、

・休み時間にトイレに行かなくてよい

・もうすぐ休み時間が始まるからトイレに行っておこう

という思考は間違いです。

(そうならないようにと言い続けると、「授業中にトイレに行ったらダメ」という隠れたメッセージにならないか心配をしている自分もいます)。

　また、楽しいことに熱中しすぎると、お漏らしをすることもあります。11月段階でも、「みんなトイレに行っておくんだよ」と声をかけることもあります。

🖋 トイレは何かのサイン

　ただ、トイレに行くということは何かの子どもからのサインという可能性もあります。

　複数で、同じメンバーがトイレに行くときは、トイレで遊んでいる場合があります。そんなときは順番に行くようにしたりするといった工夫をしておく必要があります。

　ただ、なぜトイレで遊ぶのかということを考えないといけません。理由の１つは、授業がおもしろくないからです。子どもたちは正直者です。授業がつまらないと集団でトイレに行きがちです。トイレに行く連鎖が止まりません。一度、クラスの半分がいなくなった経験があります…。

🖋 「先生、トイレ」と言われたら

　「先生、トイレ」と子どもたちが言ってきたとき、「どうしたいの？」と聞き返すようにしています。もちろん、これ以上我慢できないような緊急状態のときは話は別です。

　私はこの場面以外でも、**「自分は○○をしたい」という自分の意思**を伝えてほしいと思っているからです。この場合だと、「トイレに行きたい」です。

　お箸を忘れたときには、「お箸を忘れました」だけでなく、「お箸を忘れました。お箸を貸してください」と自分で取るべき行動を提案してほしいのです。

　いつまでも先生が「○○をしなさい」と言っていては、自分で動ける子に育ちません。

　「お箸を貸してください」と自分で取るべき行動を提案してきたときには、「オッケー」「了解」などと言い、子どもの提案どおりにします。

休み時間の
過ごし方を教えよう

✎ 休み時間は遊び時間？

大前提として、**休み時間は遊び時間ではない**ということを子どもたちによく話をします。

休み時間は次の時間に備える時間です。次の学習のための準備やトイレをすませておくといった時間です。遊ぶための時間ではないということです。

だから、しっかりと準備や片付けをしたり、次の時間までにトイレをすませたりしておくことを約束することができる子のみ、遊んでもよいということを約束しておきます。

また、遊び時間ではないため、学習が遅れていることを取り戻す時間や忘れた宿題を行ったりする時間であることも伝えておきます。

✎ 休み時間のとき先生は？

休み時間、私は子どもたちがどこでどのような遊びをしているのかを知るために、学校中を歩き回ります。
「あ、今日はあの子はサッカーをしているんだ」
「あ、今日は教室にいるんだ」
など、その子たちの情報を集めています。

情報を集めて終わりではなく、

「昨日はあの子と遊んでいたけど、今日は教室で一人で遊んでいる。何かあったのかな」
と、これまでの情報と比較しながら、その子の状況について考えるようにしています。

　そのようにしていると、
「いつもよりその子の様子を重点的に見ておこう」
「その子に話しかけようかな。どうしようかな」
とその後の対応について考えることができるようになります。

　悲しい顔、泣いている顔をしているときはすぐに話しかけるようにしますが、それ以外のときはすぐに話しかけるのではなく、様子を見守り、その後の対応を考えるようにします。

✏ 外遊びだけがすべてではない

　休み時間、タブレット端末を禁止にしている学校があるという話をよく聞きます。タブレット端末で遊ぶことで学習と関係のないことをしてしまいトラブルの火種が…といったことから、外で遊んでほしいという願いが先生にはあることでしょう。多くの人数で遊ぶことは学校でしかできません。

　ただ、子どもによっては外遊びが苦手な子もいます。「外遊びがよい」というのは幻想です。だから、常に「外遊びをしなさい」ではなく、教室で遊ぶことを認めてもオッケーだと私は考えています。1年生はとくに、遊んでいる中で人間関係が構築されていきます。

　人間関係を構築していくという目的で、私は外遊びを推奨することがあります。中には、遊びに参加しづらい子もいます。そういったときは先生も一緒に遊んでいき、きっかけをつくることも大切です。

　ただ、遊ぶときは本気になって子どものように遊ぶのではなく、教師として「どの子が誰とどんな行動をしているのか」といったことも確認しながら遊んでいきたいものです。

8 子どもに教えておきたい 遊び方のルール

チーム分けのトラブル

　休み時間、サッカーをしている子が多くいました。遊びの中でよく起こるのが、チーム分けのトラブルです。これは1年生だからではなく、他の学年でも起こるトラブルです。

　チームを決めるために、じゃんけんをして取り合いをするというチームの決め方を子どもたちはよくしています。私自身が小学生のときにもありました。この決め方は遺恨が残ります。一人まで残ると「僕は選ばれなかったんだ」と思ったり、「私を選んでくれるかな」と不安に思ったりと子どもはマイナスな気持ちになります。

　みなさんが子どものとき、決める側だった方は、選ばれる子どもたちの気持ちをなかなかわからないかもしれません。逆に、選ばれる側だった方は選ぶ子どもの気持ちがわからないかもしれません。つまり、自分が子どもだったときの経験をもとに考えるのではなく、それぞれの立場のことを想像した上で、考えていく必要があります。

方法を知らないだけかもしれない

　樋口学級では、サッカーが上手な子2人が「あなたA、あなたBね」と決めていっていました。

　子どもたちはサッカーが上手な子が率先してチーム決めをしていく、

この決め方に納得している子もいれば、不満を持っている子もいました。そして、チームを決めていた2人もみんなから促されてしぶしぶ行っていたという感じです。

しばらく遊んでいると、子どもたちからは「チーム分けが不公平だ」とか、もう一人のリーダーが「相手のリーダーと同じチームになりたいのに…」といった不満を漏らすようになりました。

もちろん、自分のチームが強い方がよい…というのはある意味仕方がないことです。

子どもたちは、これ以外の**チーム分けの方法を知らない**という可能性もあります。そこで、チーム分けをしていた子たちを呼び、このような苦情があるんだけど…と伝え、どのように解決していったらいいのかを子どもたちと考えていきました。

・**2人1組でグーパーを出してチーム編成**
・**並んで1、2と言い合い、チーム分けをしていく**

などの方法を教えました。

どれを選択するのかは、子どもたちが決定します。

トラブルが起こり、話し合うことで子どもたちにとっての学びにもなります。

🖊 遊んでいく中でわかっていく

遊び方のルールを伝えてから遊ばせるのではなく、**遊んでいく中でルールを理解させていく**という思いで子どもたちには取り組ませています。休み時間の遊びだけではなく学習でも同様です。ルールを全員が全部理解してから遊ぶのであれば、いつまでも遊びは始まりません。早くに理解した子たちの不満が溜まります。そうではなく、一度伝えたら、わからないことがあっても遊んでいる中で理解させていく方がよいです。

9 1年生にトラブルが起こったときの対処方法

提案型叱り方をしよう

　1年生でも提案型叱り方をしています。提案型叱り方とは「先生は〜〜と思うんだけど、あなたはどう思う？」と**子どもに提案をして、子ども自身がトラブルについて考え、判断をする場を設ける**ということです。

　1年生だと純粋に、どうしてそのことがダメなのかということがわかっていないケースもあります。そのため、どうしてそのことがダメなのかということを教えないといけません。

　子どもたちには各家庭のルールがあります。そのルールは全員が統一されたものではありません。その家庭ではオッケーでも、社会に出たときにはオッケーでないこともあります。

　「これは○○○なんだ」と押しつけるのではなく、考えて、自分が判断するということが大切です。自分が判断したからこそ、身についていくと考えています。

　また、同じようなことをしたとき、「あのとき○○と判断したのはあなただよ？」と聞くこともあります。実は提案型叱り方は、「それはおかしいだろ！」「ちゃんとやりなさい！」といった一方的な叱り方や押しつけよりも厳しいものになります。一方的な叱り方や押しつけはその場をしのげば、どうにかなりますが、提案型はどうにもなりません。

　提案すると、こちらが予想していたことと違う展開になるときがあります。そういったときに、すぐに否定をするのではなく、なぜそのよう

に考えたのか話を聞くようにします。

　その上で、偏った視点や考えのときには、さらなる提案をしたり、「その考えは違うんじゃないか」ともう一度考えさせたりして、その子自身の選択肢を増やしていくようにしています。ただ、安全面にかかわることなどは提案をするといったことはせず、「ダメなものはダメ」とバシッと叱ります。

✏️ 苦情がきたよと伝える

　「○○さんにこんなことをされた」と子どもが言いにくることは1年生ではよくあります。事情を確認してから、その子を直接呼び、事実を再確認の上、**「苦情がきたよ」**と言い、自分の言動を振り返らせるようにします。「○○さんにとっては大丈夫でも、相手がマイナスな気持ちになったらダメなんだよ」という話をすることもあります。提案型叱り方と似ています。どのようなところがダメだったのかということに気づかせていきます。

✏️ ユーモアを使う

　走っている子がいたら、「走るな！」と叱ることは大切です。しかし、それだけで守れたら、廊下を走る子はいなくなるはずです。

　そこで、右のようにダンボールで作った看板を置いておきます。「え⁉　あれ何？」と必ず子どもたちは立ち止まるからです。このようなユーモアのあるアイデアを抑止力につなげてもよいと考えています。

トラブルの話を聞くとき

✏️ トラブル発生時のワークシート

22ページで「1年生の子どもの話を整理する」ということを書きました。下のワークシートは私が以前トラブル発生時に使用していたものです。

と	

・書くことの許可はとった？　・過去のトラブルはあった？　・決めつけはしないように!!
・お互いから話を聞く（2人同時には聞かない）

・トラブルの原因は？

・お互いのマイナスなところ・改善点は？

・家庭連絡はする？　（する・しない）

✎ ワークシートの使い方

①一番上の□には子どもたちの名前を書きます。

②それぞれから聞いたことをそれぞれの□に書いていきます。

(左の四角は青色、右の四角は赤色といったようにしています。

　このときに2人同時に聞かず一人ずつ話を聞くこと、また、教師による決めつけをしないようにすることが大切です。それをしっかりと意識しておくために、ワークシートに明記をしておきました。

　②を書いていく中で、共通点や相違点が見つかっていくことでしょう。共通点は2人に確認をし、相違点はもう少し話を聞き、相違点を減らしていきます。)

③2人の話を聞いた結果、トラブルの原因は何かを書くようにします。

④お互いのマイナスなところ、改善点を考える時間を設け、子どもたちが言ったことをメモしていきます。

⑤家庭連絡をするかどうかを判断します。

✎ 時間をかけて丁寧に

　トラブルの指導には時間がかかるものです。場面によっては、「ごめんね・いいよ」の指導でもいいかもしれませんが、大切なことは**お互いに納得しているかどうか**です。

　ただ、場合によっては相手が謝っていても許さないということもあります。そういったときは、無理に「相手が謝っているんだから許しなさい」と言うのではなく、

「いまは許さなくてもいいよ。でもいつかは許してあげてね」

と言うようにしています。

　また相手には、「許さないという気持ちもわかる？　でも、いつかはきっと許してくれるはず。だから、もうしないということだよ」と伝えます。

COLUMN 3 準備や環境に応じた 判断をするということ

　子どもの生活面での指導については、なかなか一律に判断することは難しいものです。準備や環境、子どもの状況に応じた指導を日々柔軟にし続けるしかありません。

　ある日、朝に雪が積もり、運動場が雪一面になっていました。そこで、1時間目の時間割を変更し、準備も健康観察も早く・丁寧に行い、「雪合戦はしない」と約束をして、どの学年よりも早く運動場に飛び出し、雪遊びをたくさんしました。

　このときの私は、①「雪合戦はしない」という約束、②どの学年よりも早く運動場に飛び出す、という判断・決断をしました。

　雪合戦をしないと判断・決断したのは、子どもたちには着替えがなかったからです。着替えがなく、雪合戦をして、服が濡れると、風邪をひく恐れがあるからです。そしてどの学年よりも早く運動場に飛び出すというのは、どの学年よりも早く運動場に飛び出すことは優越感があって楽しいというノリに近い判断でした。

　そういったときには、はやる気持ちを抑えて、準備も健康観察も早く・丁寧に行うようにしました。もちろん、廊下を走らないようにも言いました。

　1週間後も、雪が降りました。子どもたちは先週のことがあったため、雪遊びができると思っていました。しかし、子どもたちにははっきりと「今日は雪遊びはしません」と言いました。

　もちろん理由があります。前週よりコロナ感染者が増えていたのです。遊びに行っている学級もありましたが、私はむしろ、コロナ感染者が増えている状況の中でどうしてそんな判断になるのかと不思議に思ったぐらいでした。**子どもをとりまく環境は日々変わります。環境に応じて、子どもの生活面・遊びなどを指導することが必要です。**

第 **4** 章

自主性を生かす！

1年生の学習指導の
ポイント

話を聞く姿とは
どんな姿かを共有する

✎ 足はペッタン、手は膝の上、話している人の方を向く

　１年生の話を聞く姿の指導で、
「足はペッタン、手は膝の上、話をしている人の方を向く」
という指導をすることがあります。
　私はあまりこの姿を信用していません。

足はペッタンしていても話を聞いていないかもしれません。

手は膝の上に置いていても話を聞いていないかもしれません。

話をしている人の方を向いていても話を聞いていないかもしれません。

「足はペッタン、手は膝の上、話をしている人の方を向く」子ども＝話を聞いているという思考はとても危険です。

むしろ本当に子どもが熱中しているときは、**「足はペッタン、手は膝の上、話をしている人の方を向く」**ということをしていません。

子どもたちは熱中しているときは前のめりになったり、立ち上がったり、指示をしていなくても話をしたりとどんどん動き出します。

ただ、残念なことに、こういった子どもの様子を見て、**指示を聞かない子・学級崩壊している学級と見てしまう**方がいます。とても残念な子どもの見方です。

熱中しているときは学級が騒がしくなっているかもしれませんが、まったく学級崩壊などしていません。むしろこのような見方をしていると、学級崩壊を引き起こす可能性があります。

話を聞く姿とは

私が考える話を聞く姿とは、**聞いた話を再現することができる姿**です。

そのため、

「いま○○さんが言ったことをもう一度言ってごらん（ノートに書いてごらん）」

という活動を多く取り入れるようにしています。これで言えたら、その子は話を聞いていたことになります。

2 ペアで活動する

✏️ ペア活動のねらい

　新年度当初はペア活動を多く取り入れています。ペア活動に取り組む
ねらいは、

①自分の考えを伝えるため

②さまざまな考えを知るため

③表現をする場をつくるため
④子どもたちの関係をつくっていくため
です。④は学習内容と離れてしまうかもしれませんが、「授業の中で学級づくり」をしていくということです。

✎ ステップを踏んで取り組んでもらう

以下の順番で取り組んでもらいます。

〈ステップ１〉
①全員立ってもらう
②何について話をするのかを確認する
③どちらが先に言うかを言う
④２人とも言えたら座る

というのが**ステップ１**です。慣れてきたり、関係を築いたりすることができるようになったら、**ステップ２**に移行です。

〈ステップ２〉
①全員立ってもらう
②話し合う
③２人とも言えたら座る

というように変えます。ステップ１の②と③を省略しています。このとき「全員を立たせた」状態で取り組み、ペアでの活動が終わったところから着席させていきます。

　これは、どこのペアにサポートがいるのかがわかるようにするためです。サポートをするのは、先生だけでなく子どもたちもです。活動を終え、座っている子どもたちにアドバイスをするように言います。

グループ活動を行う

グループの適切な場面や人数

　私はあまりグループ活動を行いません。「ペア活動」や「立ち歩いての交流」で十分だからです。

　では、どのようなときにグループ活動を行うかといえば、**ペア活動では解決することができないとき**です。たとえば、

・たくさんのアイディアを出したいとき

・何かを製作するとき

・みんなで考える必要がある問題のとき

に取り入れるようにしています。

　グループでの話し合いの人数は６人では多すぎます。左のページは５人グループの活動の様子です。この写真のときは、話し合いたい話題があったため、どの子も集中して取り組むことができていました。

　ただ、いつもそうとは限りません。話し合いに参加しない子が出てきてしまう可能性があります。だから、私は**グループ活動は３人または４人**で行うようにしています。

　１年生にとってグループ活動はペア活動よりも難しいと考えています。そのため、どのようなことを話し合っていくのかということを全体で共有したのちに取り組ませていきます。

グループ活動なんだけど…

　グループ活動を行っている中で、一人で考えたいという子が出てくることがあります。そう言われたときはとても迷いますが、学習内容や場面に応じては、一人で考えることや表現することを認めるようにしています。

　ただ、一人で考えていく中で困ったことがあったときには、グループ内で相談することや自分が考えたことや表現したことはどこかのタイミングでグループで共有しておくことを伝えておきます。

4 授業中に
立ち歩いて交流しよう

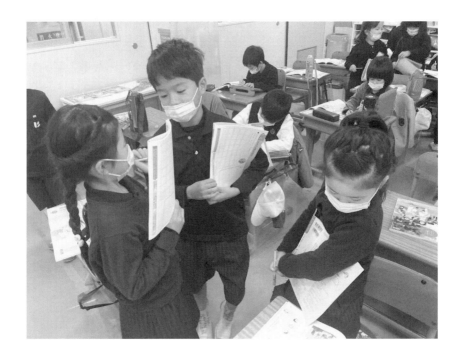

✎ いちばん多く行う活動

　ここまでにペア活動やグループ活動について、書いてきました。私が
いちばん多く行うのが、この「立ち歩いて交流」になります。

・時間内に立ち歩き、できる限り多くの子に自分の考えを伝える

・指定した人数の子と話し合う

といったルールで行います。

　ペア活動のステップ2までだいたいできるようになった後のステップ3として取り組みます。

　ただ、誤解してほしくないのは、便宜上ステップ1、2、3としていますが、ペア活動のステップ2が完全にできてから次のステップへ移るというわけではありません。ある程度できるようになったら、次のステップへと徐々に移っていきます。そして、グループ活動、立ち歩いて交流の力を同時並行でつけていくというイメージを持ってください。

　お互いに交流し、話し合っていく中で、**相手に言っていることがしっかりと伝わったと言われたら、その子の名前をノートやタブレット端末などにメモする**ようにしてもらっています。この、相手に伝わったかどうかがポイントです。伝わらなかったら、「よくわからない」と遠慮なく言っていいと伝えています。

✎ 座り続けることはしんどい

　1年生は15分しか集中力が持たないと言われています。15分ごとに、内容や取り組むことを変えるといったモジュール型、ユニット型の授業の構成の仕方が有効だという提案もあります。

　それぞれ有効な手段ではありますが、立ったり、座ったり、動き回ったりするだけでも子どもたちの学習への取り組み方は変わります。

　多くの学校の授業では、45分、椅子に座り続ける形式が普通です。発表するときだけ立ったり、黒板前に来たりするというのでは、動く人数が限られてしまいます。そうではなく、全体で動く＝立ち歩くといったことを授業の中で位置づけていきたいものです。

5 立ち歩いて交流の最終スタイル

✏️ 最終スタイルは子どもに任せた状態

　立ち歩いての交流の最終スタイルは、**教師の指示がなくても自分たちで判断し、立ち歩き、自分の考えを表現し終えた子同士で交流をする**ようになることを目指しています。

　このようにすることで、自分の考えを表現している子・友達と交流している子がいる空間になります。そして、**自分の考えを表現した子がまだ自分の考えを表現しきれていない子を待つ時間がなくなり、どの子にとっても学びの時間**になります。

　座ってプリントをしていても、ドリルをしていても、できた子が待つ状況が生まれがちです。これは子どもたちの学力の「差」によって起こる問題です。この差はまったくはなくなりません。

　この待つ時間に読書や違うことをさせることには基本的に反対です。なぜなら、その教科の学びではないからです。算数なら算数の世界にその時間はどっぷり浸からせたいものです。

　立ち歩き交流をしていると、言葉遣いが気になったり、相手に伝わっているのかと思ったりするときがあります。そういったときは成長のチャンスです。教師が見ていて気付いたときに、個々の子どもに対して言葉遣いや話し方を指導していきます。

📝 話し合いが終わらないとき

　下の写真からどのような様子がわかるでしょうか。

　実は、この写真は「話し合い終わり‼」と言われた後の子どもたちの姿です。「話し合い終わり‼」と言った後、席に戻る子もいれば、まだ話し合っている子どもたちがいます。私はこれでオッケーです。むしろ、子どもたちに求めている姿です。

　「では、３分間いろいろな人と話し合ってみよう」と立ち歩かせての交流を行いますが、その３分間は教師の都合です。子どもたちの中にはもっと話し合いたいと思っている子もいます。

　そこで、私は子どもたちに

「話が途中の子は、しっかり話し終えてから座りましょう」

と言うようにしています。そのため、しっかり話し切るために上の写真の子どもたちは話を続けているのです。

　最初はわからないことをなかなか言えないかもしれませんが、何度も話していくうちに少しずつ自分の考えを表現できるようになっていきます。

6 相互指名を 取り入れよう

✎ 相互指名をやってみる

　相互指名とは、子どもたち同士で指名をしていく方法のことです。毎時間ではありませんが、とくに国語や道徳の授業で取り入れるようにしています。

　相互指名の本来の意義ではないかもしれませんが、相互指名をすることにより、クラスの友達の名前を覚えていく、仲を深めていくといったことも目的として行っています。

✎ 2つの問題が起こったら

　相互指名では、2つの問題が子どもたちから起こっていました。

①時間がかかる

「えっと、誰をあてようかな」

「誰にしようかな〜」

などの声が聞こえ、指名することに時間がかかることがあります。

　そんなときは、「スピードを上げて、あてていこう」と言います。

　伝えるだけで終わりではなく、

「3秒以内に次の人をあてるんだよ、3、2、1…」

とカウントダウンをしていきます。ゲーム感覚で取り組んでいくことで、すぐに指名することができるようになっていきます。それでも時間

がかかってしまう場合は、「ごめんね、先生があてるね」と言うときも
ありました。最初は時間がかかっても、子どもたちはすぐに要領をつか
み、指名のスピードはどんどん早くなっていきます。

②同じ子ばかりをあててしまう
「〇〇さん！」
「え〜、また〇〇さん！」
といったように同じ子、友達をあててしまいがちな子がいます。
　そういったときには、
「〇〇さん以外をあててごらん」
「男子は女子、女子は男子をあててごらん」
といったように解消するための具体策を伝えていきます。

🖊 教師の覚悟が大切

　相互指名を取り入れるということは、こちらの扱いたい考え以外も出
てくる可能性があります。
　もしそういった考えが出てきたときには、切り捨てるのではなく、取
り上げる必要があります。教師が、
「どのような考えが出てもオッケー」
と覚悟することが大切です。
　また、より考えをつなげていくために、
グー……賛成
チョキ…つけたし
パー……意見
といったようにハンドサインのルールを決めておき、子どものハンドサ
インの種類によって、指名する子を決めていくといった取り組みも有効
です。

7 教室から
とび出して学習を！

教室にいるという美徳は正しいか？

　この写真は体育館のトイレ前で音読発表会に向けて、音読の練習をしている様子です。

　「教室にずっといることが美徳」ということを感じるときがあります。でも1年生の子どもたちは45分間、教室でずっと椅子に座っていることはしんどいです。1年生だけでなく大人でもしんどいことです。

　子どもたちは幼稚園、保育所ではそんなシチュエーションはありませんでした。そのため、45分間座り続けることに抵抗が生まれ、学校に

行きたくないと言っている子に出会ったことがあります。

　幼稚園、保育所では座り続けるということがなくても、それぞれの場所で学習指導要領につらなる幼稚園教育要領や保育所保育指針に基づいた「幼児期の終わりまでに育ってほしい10の姿」（24ページ）を伸ばしていくための学びをしています。国語や算数といった教科はありませんが学んでいます。

　しかし小学校はこれまでと違い、身体的な自由がなくなります。

　幼稚園や保育所と小学校は違うから当然と思われる方もいますが、柔軟に対応しましょう。左の写真は、全員が教室で音読をすると練習にはならないから、**教室外の場所で取り組んだ方がよい**ため場所を変えた例です。

　ぜひ、安全面だけ気をつけて教室からとび出していきましょう。

椅子に座り続けることからの脱却

　不思議なことに、教室以外で活動をするだけで、子どもたちはアクティブになります。椅子から立ち上がるだけでも、黒板前に来るだけでも、教室内を歩き回るだけでも、子どもたちはリフレッシュできるのか、アクティブになります。

　椅子に座り続けさせようとするから、手遊びが始まるのかもしれません。

低学年の学習＝遊び？

　低学年の学習は、「遊び」だよと先輩に言われたことがあります。ある日、子どもたちに「これは遊んでいるんじゃないからね。学習だからね」と言うと、「そんなことはわかっているよ。遊びのように楽しいんだよ」と言われたことがあります。

　学習＝遊びととらえるくらい楽しく取り組める、授業を常に考えていきたいものです。

1年生への ノート指導①

✏️ ノートをどんどん使用していく

　1年間で1教科どれだけのノートを使い切りますか？　1冊？　少ないです。最低2冊以上はノートを使いたいものです。

　ノートは書けば書くほど、ノートを書く力が伸びていきます。

　高学年でノートを書けないのは、1年生でノートを使う経験が少ないからというのが私の持論です。

　だから、ノートは1学期からどんどん使っていきます。1年生の4月から使っていきます。もちろん最初はひらがなを学習していません。だから、習っていないひらがなは「●」で書かせていきます。最初の頃は●ばかりになります。それでも構いません。

　算数の数字の練習も基本的にはノートで取り組みます。ノートの上に書いている数字をなぞり、その下に練習をしていきます。

　ワークシートを使うとそれだけノートを使う時間が減ります。子どものことを思いワークシートを使っているかもしれませんが、その優しさが子どもの成長を妨げる可能性もあるということです。

✏️ 最初は時間がかかる

　1学期の最初、ノートを書くことはとてつもなく時間がかかります。時間がかかりすぎて、イライラしてしまうことがあります。でも、ここ

で経験を積ませることで、**子どもたちの書くスピードは必ず上がる**と自分に言い聞かせ、取り組んでいます。最初の頃は算数の問題文を書くだけで、20分近くかかったことがあります。でも半年後にはスラスラ書けるようになっていきます。

　算数は横長いノートを使用するケースが多いと思いますが、1冊を使い終えた段階で他のノートのように縦長のノートに変更することをオススメしています。縦長の方が書きやすいです。

✏️ モニターに映しながらは必須

　タブレット端末が入ってきて、子どもたちのノートの白紙部分をPDF化しておき、モニターに映しながら、ノート指導をしています。

　ミニ黒板よりも、子どもたちはどこにどの文字や数字を書けばいいのかが把握しやすくなります。ミニ黒板では、子どもたちのノートと形式が異なる部分があり、子どもたちはとまどいます。

　このモニターに映しながらのノート指導は1年生では必須です。

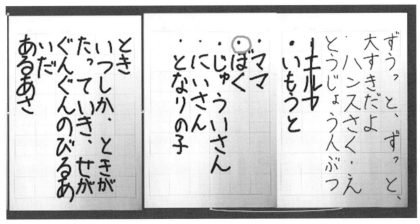

国語科のノート

1年生への ノート指導②

✏ ノートの書き方

　どのように問題を子どもたちに写させているのかを紹介します。この方法は、1年生だけでなく6年生でも取り組んでいます。

> まんたくんが□えんもっています。□えんもらいました。
> なんえんもっていますか。

という問題があったとします。

　基本的には、**問題は少し先を読みながら書いていく**ことをしています。そうすることで、耳で聞きながら、子どもたち自身で書き進めることができます。声で先に問題を聞くため、私が問題を書き終えるよりも早くに書き終える子もいます。

「まんたくんが」と言う→「まんたくんが」と書く

「□えん」と言う→「□えん」と書く

「もっています」と言う→「もっています」と書く

といったように、文を一度にすべて言うのではなく、

「細かく文を切り、言う→書く」

ということを繰り返します。

　そして、子どもがノートを書いている間、何度も何度も問題を読むようにしています。

✏️ 先生より早く書く

　だんだんノートを写すことに慣れてきたら、全員が早くノートを書けることを目指しています。そこで、「先生よりも早くノートをていねいに書こう」と伝えています。そのために、

・文の最後の「。」をみんなが書き終わるまで待つ
・わざとゆっくり書く
・あと 10 秒で書こうと挑発する

(10、9とカウントダウンをしていき、みんながまだ書き終わらないようなときには、テンポを急にゆっくりにしたり、1秒の後に0.9、0.8…とあらたなカウントダウンを始めたりします。)

　といったことを行い、子どもが先生よりも早く書くことができるという経験を積ませていきます。そういった経験を積み重ねていくことで、子どもたちは早く書けるようになっていきます。

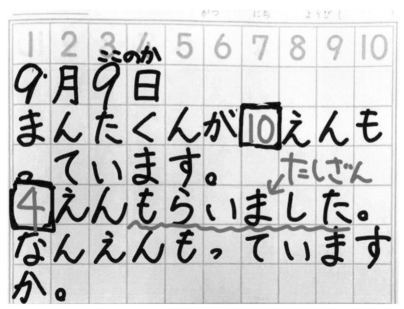

算数科のノート

10 大事にしたい ひらがな・カタカナ指導

✏️ ひらがな、カタカナ、漢字の指導は紙

　ひらがな、カタカナ、漢字の指導は紙で取り組んでいきます。よほどタブレット端末の性能が上がらない限りは、これからも紙で取り組ませていくことでしょう。

　ノートを書く力を上げていくことと同じで、ひらがなやカタカナを使っていけばいくほど、ひらがなやカタカナを早くきれいに書く力は上がっていきます。だから、**視写の時間を多く入れる**ようにしています。また、算数の時間に問題文を書くことも視写だと考えています。

✏️ 筆圧が弱い子には

　筆圧が弱い子がいます。その場合、力を入れて書くための指導が必要です。そこであえて、下敷きを使わせないという指導をしています。筆圧が弱いと裏に文字のあとが出てきません。
「裏に文字が出てくるぐらいの力で書いてごらん」
と指示をすることがあります。

　保護者の方の中には筆圧が弱いことを解消するために、2B 以上の濃い鉛筆を用意される方もいます。私はあえて「HB でよいです。濃いえんぴつでは、むしろ強く書かなくなる可能性があります」と伝えることもあります。

ひらがな・カタカナは書くという経験を積めば積むほど、使えるようになります。だから、１学期からどんどん書かせていきます。そこで、意図的に取り入れたのが「視写」です。国語の時間には、物語文や説明文を視写する時間を取り入れました。「１年生へのノート指導①」（76ページ）で紹介したように、モニターにノートを映しながら、教師自身も一緒に書いていきます。途中まで取り組んでいき、教師より先を書いている子はそのまま先行させていくようにします。このとき、

「書けるようになるのが目的なのか」
「きれいに書くことが目的なのか」

ということを教師が意識しておく必要があります。また目的を保護者に伝えておく必要があります。言うまでもなく、理想は常にどちらも実現していることです。

✎ なかなか覚えることができない子は

　ひらがな、カタカナをなかなか覚えることができない子がいます。そういった子が、「このひらがな（カタカナ）ってどう書くの？」といった質問をすることがあります。基本的にはその場で教えますが、質問者がたくさんいると、なかなかスムーズに教えることができず、子どもたちを待たせてしまうこともあります。

　そこで、ひらがな表・カタカナ表、一年生の漢字の表をタブレット端末で配付しておきます。ひらがなやカタカナがわからないときは、その配付された表を見るということをルールにしておきます。そうすることで、子どもたちも自分のペースで見ることができます。

11 イラストやオリジナルキャラクターを使おう!

✏️ 学び方をイラストで示す

授業で大切にしたいことがあります。算数科では、「既習を使って考える」ということを大切にしたいため、「かっこぅのまなび」をつくりました。「かこのまなび」とすればよいかもしれませんが、ユーモアがあった方が子どもになじみやすくなります。

授業の中で過去の学びが出てきたときに、この「かっこうのまなび」を貼るようにしました。

　このようなキャラクターや言葉の貼りものを使用することを邪道だと思われる方もいることでしょう。でも、邪道でも構いません。

　子どもが意識することができればよいのです。意識することで、「つまり」や「なぜなら」といった言葉を子ども自身が使い始めるからです。

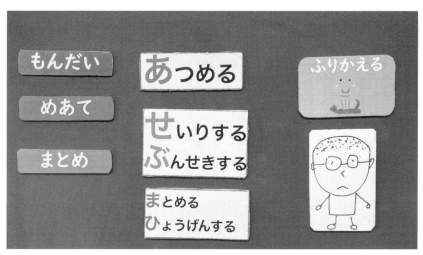

子どもの学びを支える貼りもの

✎ 3学期になると身についてくる

　この貼りものはいつも黒板横に置いてあり、過去の学びが出てきたときに黒板に貼っていましたが、3学期になると、この貼りものを使わなくなり、定位置である黒板横から動かなくなりました。

　この貼りものを使わなくても、子どもたちが貼りものに書かれたことを大切にしながら、授業に取り組むことができるようになってきたからです。なので、お役御免となったのです。

12 子どもたちに 黒板を開放しよう

✏️ 黒板は誰のもの？

黒板は教師だけのものではなく、子どもたちのものでもあります。

- 自分の考えをイラストに描いて伝えたいとき
- 算数の時間で絵や図を描くとき

など子どもたちが使いたいときに、黒板に書いていくことを認めていきます。

　ただ、こちらにも板書計画があります。そのため、「ここら辺に書いてね〜」と指示をすることもあります。また、子どもが描いたものに付け加えたり、線を描いたりして、考えを深めていくために使っていきます。

✏️ モニターも開放しよう

　全体で考えを交流するときは、前にあるモニターに自分のタブレット端末で描いたものを映し出すだけでなく、教師用のタブレット端末を映し出していき、そこに書き込ませていきます。

教師がとぼけよう！

✏️ とぼけることが有効

　私は授業でよくとぼけます。
たとえば、算数の授業のたし算の場面では
私「10 ＋ 2の答えは 102 だよね」
子「え？　違うよ。先生 12 だよ！」
私「どうして 102 じゃないの？」
子「だって…」
といったようにとぼけます。
　また国語の授業のおおきなかぶの学習の範読場面では、
私「小さなかぶ」
子「先生、小さいじゃない！」
私「小さなかぶでもいいんじゃないの？」
子「だめ‼」
私「どうして？」
子「だって…」
といったように大切なことを子どもたちから引き出すことができるから
です。そして、どんどん子どもたちが発言をしていくといった主体的な
態度を引き出すことができます。

✏️ 毎日のようにとぼけていると…

　しかし、毎日のように、毎時間のようにとぼけていくと、その効果は薄れていきます。諸刃の剣です。毎日薬を飲んでいくと、効果が薄まっていくという話を聞いたことがあります。それと似ています。

　そうなってしまうと、「また、先生ぼけてるよ…」「先生、もういいよ…」といった狙いとは正反対の姿を引き出してしまう可能性があります。それでは意味がありません。だから、授業でとぼけるときは、

・みんなで共有したい大切な考え
・見方に着目させたいとき

といった場面で私は使用するようにしています。

✏️ 授業以外の場面でも

　普段の日常生活でもとぼけるときがあります。
私「先生、できそうにないんだけど…」
子「先生、そんなこともできないの？　仕方ないな‼」
と言いながら、取り組んでくれます。

　拙著『GIGA School時代の学級づくり』（東洋館出版社）において、これからの学級づくりは**子どもと先生との学級協働編集が大切**だということを書きました。この本は高学年の学級経営の本になりますが、1年生でもあてはまることです。

　つまり、学級は先生のものではありません。子どもたちと一緒につくっていくものです。だから、この場面は、

・子どもたちが試行錯誤した方がよい
・失敗をしてもよいから任せる方がよい
・ここでの経験が今後生きてくるはず

といった狙いがあるときに、私は上記のようにとぼけて、子どもたちが取り組むように仕掛けることがあります。

COLUMN 4

1年生も授業に対して
しっかり考えをもっている

　生活科で秋のものを使って、みんなで秋遊びをしました。そのときに「タブレットでビデオを撮ってもよい？」と相談されました。「えっ!?　なんのために？」と思い、どうしてか聞くことにしました。

　すると、「（秋遊びで）作ったものを家には持って帰ることができないから、遊んでいる様子をビデオに撮りたい」ということでした。

　グループで作ったものだったので、一人ひとり作ったものを持ち帰ることはできません。そのための子どもたちのお願いでもありました。

　「オッケー」と言うと周りの子たちも真似をし始めました。

　子どもの話によってはダメを出そうと思っていましたが、**この子の話を聞いて、こんな使い方があるのかとかえって子どもから教わった気分でした。**もし、子どもに理由を聞かずにだめと言っていたら、価値のある活動を行うことができなかったということになります。

　常に教師の判断が正しいとは限りません。間違えるときもあります。1年生であっても耳を傾ける姿勢を持つことが大事だと思います。

第 **5** 章

1年生ももっと使える！
タブレットを授業に
導入するポイント

授業でタブレット端末を取り扱う

✎ どの教科が1番効果的だったのか

　1年間1年生にタブレットを活用してきたことについて34名の子どもにアンケートをしました。

> Q どの教科が1番効果的でしたか。
> 国語、算数、生活、英語、音楽、体育から1つ選択

というものです。

国語…9人　　算数…11人　　生活…4人
英語…4人　　音楽…1人　　体育…5人

という結果になりました。国語と算数がやはり多いです。本章においても国語や算数の使い方を紹介していきます。

✎ こちらが思っている以上に大切にしている

　「1年生からタブレット端末を使わせると、壊すのではないか」と質問されることがあります。確かに1年生はよく机の上のものを落とします。そう質問される気持ちもよくわかります。

　ある学校で授業を参観していたときのエピソードです。ある子がかんしゃくを起こしてしまい、筆箱や教科書やノートを投げてしまってしま

した。しかし、机の上にあったタブレット端末は投げなかったのです。

　その子が落ち着いてから、「どうしてタブレット端末は投げなかったの？」と聞いたところ、「だって、これが壊れると、授業で使えないもん」「タブレットは面白いもん」と言っていました。

　筆箱や教科書、ノートは壊れてもいいのか…と思うところはありますが、今回は置いておいて、子どもたちなりにタブレット端末は大事なものという認識があるということです。

　確かに、昨年度、樋口学級でタブレット端末の扱い方について注意をしたときも、

「そんなところに置いておいたら、誰かに踏まれるかもしれないよ」
「もうちょっと丁寧に扱ったらどう」

といったタブレット端末を壊してからの注意というよりも、予防のための注意が子どもたちから出てきました。

　つまり、**1 年生は大人が思っているよりもタブレット端末を大切に扱おうという思いがあるのだと考えられます。**

🖊 私が同僚に言った言葉

　拙著『1 人 1 台端末時代の学級づくり』(明治図書出版、2021 年)では、同僚であった西村先生にかけた私の言葉が掲載されています。

「1 年生にもタブレット端末を渡すから、どんどん使っていってね」
「机の横に (タブレット端末を) 引っ掛けたらいいよ」
「画面は割れやすいけどそんなに割れないし、壊れたら直せばいいから、近くに置いて、どんどん使わせることの方が大事じゃない？」

と言っていたようです。今後も同じことを言い続けることでしょう。それほど私自身タブレット端末に大きな可能性を感じているのです。

2 1年生からこんなこと にもチャレンジできる!

✎ 話し合いをしなくなる!?

　タブレット端末を使うと、タブレット端末を使うことに夢中になってしまい、話し合いをしなくなるのではないかと心配をされる方がいます。「そんなことありません！」と言いたいところですが、最初はそうなります。

　でも、いずれそうではなくなります。どういうこと？　と思われるかもしれませんが、タブレット端末との付き合い方には以下のような段階があるということです。

①タブレット端末ばかりを使う
②タブレット端末から少し離れる
③ハイブリッドの使い方をする

✎ ある授業の子どもたち

　右の写真は、算数で「点と点を結んでいろいろな形を作ろう」という活動をしているときの写真です。ある子が立体を作り出したのです。そのことを知った子たちからは、「先生、前のモニターに映し出して」とリクエストがありました。

　リクエストどおりに映し出した後、子どもたちは前に集まり、どのように書くのかを話し合っていました。「もう時間、終わりだよ！」と私が言っても、「もう少しちょうだい‼」と子どもたちは真剣そのものです。

こうなるともう教師の出番はありません。子どもたちは自分たちでどんどん学習を進めていきます。

　タブレット端末を導入して以来、
・子どもたちが手を挙げて発表をする機会が減った
・淡々と授業が進んでいく
・全体での発表が浅いように感じる
などの悩みを聞くようになりました。しかし、こういった悩みはタブレット端末だから起きたのではなく、
・**子どもたちが手を挙げて発表をする必要がない場面、課題設定**
・**淡々と授業が進んでいくような課題設定、授業プラン**
・**全体での発表が浅いようになってしまう教師からの発問の薄さ**
といったようにそもそもの授業に問題があると考えています。子どもたちにとって、考えたいと思う課題であれば自分たちで動き出します。

ある子が作った立体のモニターに映して学ぶ子たち

デジタルとこれまでの実践との融合を!

📝 国語「くじらぐも」を外で音読する

　タブレット端末を使うと、これまでの実践がすべて一新するわけではありません。アナログ教具を使わなくなるというわけでもありません。

　上の写真は、国語の「くじらぐも」の学習で、外に出て音読をしている様子です。音読をしながら、体操の「1、2、3、4」のところは実際に動きをつけたり、「天まで届け1、2、3」のところでは実際に跳んでみたりしています。オススメの実践です。

　どの子もニコニコ笑顔で取り組んでいます。この取り組みは、初めて

１年生を担任した 12 年前にも取り組んで子どもの反応のよかった実践です。きっと、次に１年生を持ったときにも取り組むことでしょう。

✏️ タブレットより画用紙を選ぶ

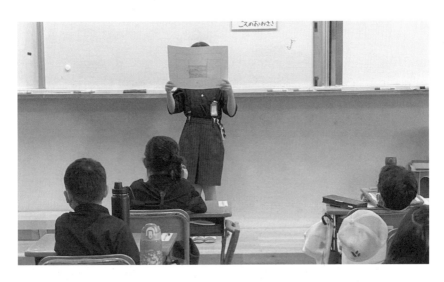

　上の写真は、画用紙に自分の好きな場所を書いてスピーチをしている様子です。自分の好きな場所を写真に撮ることもできましたが、この子は画用紙を選択しました。

　１年生だからタブレット端末を使わないのではなく、本書でも紹介している実践のようにどんどん取り組んでいくべきです。しかし、だからといって、これまでに大切にしてきた実践がゼロになるわけではなく、融合していくことが求められます。

　融合しているからこそ、上の子どものようにアナログを選択する子も生まれてくるということです。

　デジタルが入ってきても残っていく教育実践というものは、色褪せない教育の本質的な実践なのかもしれません。

4 タブレット端末での実践のよさ

　下は生活科で「秋探し」をしているときの写真です。学校内で数ヵ所、自分が見ていきたい場所を決め、１週間ごとにその場所の写真を撮り、１枚に並べていくことで気づくことについて交流するという取り組みを行いました。

✏ タブレット端末を使うよさ

拙著『GIGA スクール構想で変える！　１人１台端末時代の授業づく

り』(明治図書出版、2020 年) では、タブレット端末を使うよさとして以下の9つに分類・整理をしました。

①場所・時間を問わずに取り組める

②情報を送り合うことができる

③自分が必要な画像や動画などのデータを蓄積することができる

④自分の考え・動きを可視化することができる

⑤友達の考えをすぐに知ることができる

⑥子どもたち自身で考えを比較することができる

⑦子どもたち自身で考えを整理することができる

⑧子どもたち自身で考えを分析することができる

⑨子どもたち自身で考えを構造化することができる

この子は①②③⑥⑦⑧⑨を実践していたことになります。

✎ ノートではできないことをする

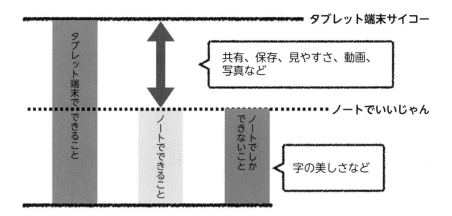

「タブレット端末でなくてもノートでできるのでは？」とよく質問をされます。本当によさを感じるのは、ノートでいいじゃんの線とタブレット端末サイコーの線との差のところです。この差が上の①〜⑨にあたります。

カメラ機能を使おう!

✏️ 板書を写真に撮る!?

下の写真は授業終わりに板書を写真に撮っている場面になります。

撮った画像はデジタル上で取り組む振り返りに使っていました。

子どもたちはいつでも写真を撮っていたわけではありません。自分が必要だと思うときに撮っていました。

✐ すぐ見合える

　下の画像は生活科で取り組んだ「好きな教室を紹介しよう」という取り組みです。

　ワークシートのデータを送信します。上に写真を貼り、下に好きな教室の理由を書きます。

　これをアプリの提出箱に提出します。みんなが見られるようにすると、すぐにお互いで見合うこともできます。見合うことができると、すぐにお互いの感想が交流できます。

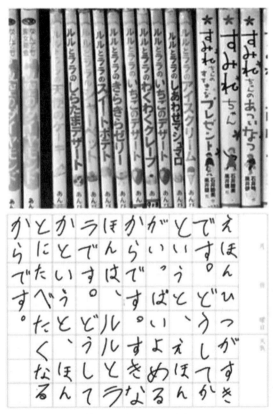

上に写真、下に理由

実践事例
あさがおかんさつは
タブレットを使おう①

生活科のワークシート

あさがおを植え、それを観察することが1学期の生活科の大きな取り組みといえます。

> あさがおけんこうかんさつをしよう

と銘打ち、取り組むことにしました。

自分たちが植えたあさがおを観察し、その様子を紙に絵や文で描いたりしますが、今回は、タブレット端末で取り組むことにしました。

子どもたちに右のデータを渡し、観察していきます。左側の余白に

は、右上の6つの視点のうち、子どもたちが自分で選んだ視点のカードを配置させます。そして、このカードの横にその視点で観察したときに気づいたことやわかったことを書かせていきます（樋口綾香先生の実践の追試）。

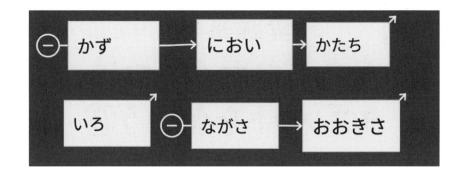

　左上にはあさがおの写真を載せるようにしておきます。右上のところには日付を書くようにします。

✏️ 実際の子どものワークシート

　下が子どものワークシートの一例になります。

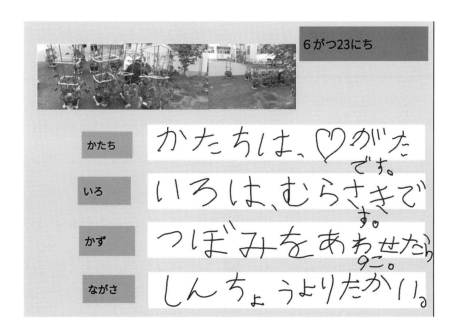

7 実践事例 あさがおかんさつは タブレットを使おう②

教室の後ろに掲示するのはなんのため？

　これまでは、子どもたちが書いたワークシートを教室の後ろに掲示していたことが多いのではないでしょうか。その掲示はなんのためにしているのでしょうか。友達が書いたワークシートをお互いに見るといった目的があるかもしれません。また、書いたワークシートを蓄えていくという目的のために使用されていたことがほとんどでしょう。

　正直なところ、参観授業の飾りとして使用されていることが多いのではないでしょうか。つまり、教育的効果が高い使い方をすることができていなかったのです。

　そこで、私は教室の後ろに掲示することをやめました。その代わりに下のように自分のカードを並べて整理していくように指示をしました。

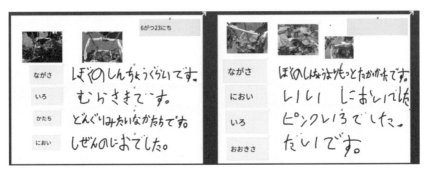

あさがおの観察結果をまとめたワークシート

すると、私が何も言わなくても、子どもたちは自然と前のカードと今日書いたカードを比較し始め、

・どういうところが成長したのか

などに気づき始めたのです。そして、子どもたち同士で話し合いがスタートしました。

　こういったことはタブレット端末で、一画面ですべてのカードを見ることができるからできることだと言えます。

✎ 取り組みの応用

　この取り組みを応用すると、春探し、夏探し、秋探し、冬探しといった○○探しで、以下のように使用することができます。

秋探しの取り組みのまとめ

実践事例
音読で使う

✎ 紙をデジタルに

　1年生は毎日音読の宿題を出している学級が多いことでしょう。家で音読をして、紙の音読カードにチェックを入れ、提出するというシステムです。

　この紙の音読カードを以下のようにデジタルに置き換えるのです。このデジタル上でマルをして、提出をするという形です。

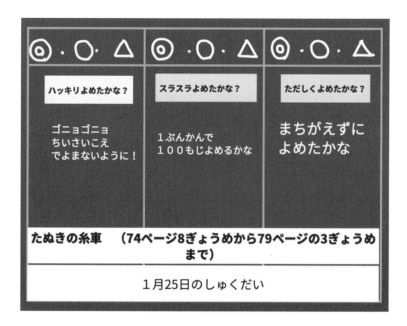

🖊 音読の宿題

　週に１回は音読をしている様子を録画にとり、提出をしてもらいまし
た。教室では子どもたちの音読している様子を全員見ることがなかなか
難しいです。しかし、動画にすることで、どのように音読をしているの
かを把握することができます。

🖊 見開き１ページを１分で

　音読は土居正博先生の『クラス全員のやる気が高まる！　音読指導法
―学習活動アイデア＆指導技術―』（明治図書出版、2021 年）を参考に、
見開き１ページを１分で音読をすることを子どもたちに伝えていまし
た。

　１分よりも早い 40 秒だと、句点や読点を意識することができていな
い可能性があります。１分より遅いともっと早く読めるように練習しな
いといけないということです。１年生でもストップウォッチを持ちなが
ら、音読の練習をしている子もいたようです。

9 実践事例
文を書く活動で使う①
～オリジナル図鑑を作ろう～

✏ オリジナル図鑑を作ろう

　国語で多くの子がタブレット端末を使うよさを感じていました。おそらく「書く」活動で有効性を感じたと考えています。

　国語「じどう車くらべ」の学習では、自分の興味のある車の文を書くオリジナル図鑑づくりの活動に取り組みました。

　以下が単元最後にでき上がったオリジナルの図鑑になります。

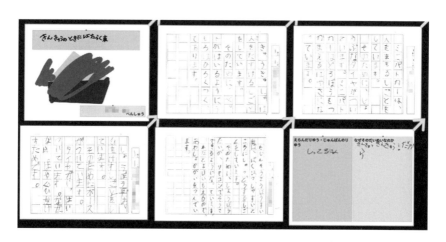

　タブレット端末を使うと、書く力が落ちると主張される方がいますが、逆です。

　タブレット端末を使用すると、書く力は伸びるということが、子ども

たちの姿から見えてきました。

✏ 文を書くときの流れ

　私は、文を書くときに以下のような流れで取り組んでいます。
①文を書くための情報を集める
②タブレット端末上で下書きをする
③タブレット端末上でデータの作文用紙に書く
④作文用紙に清書をする
（④までできた子は①に戻る）
　②③には、「近くの友達と見せ合いをする→先生に提出→先生が朱を入れ、返却をする→修正をする」というサイクルを取り入れていました。オッケーが出ると、次に進むという流れです。

✏ 無駄な活動を減らしませんか

　タブレット端末を使うことで、「先生に提出→先生が朱を入れ、返却をする→修正をする」のスピードがとても上がります。これまで紙のときには、先生が朱を入れると、すべて書き直しをしないといけませんでした。しかし、タブレット端末を使うと間違えている部分だけを修正すればよいのです。
　また紙で文を見るよりも、私の場合は画面上で見た方が朱を入れやすいように感じます。データの送信で子どもたちの手元にはデータがいくため、これまで先生に見てもらうために並んでいた時間が減ります。
　これまでは全員で②、③、④というような活動スタイルでした。しかし、タブレット端末で取り組むことによって、Aくんは②、Bくんは③といったように、それぞれの子どもたちの進み具合に応じた最適な活動を行うことができるようになります。

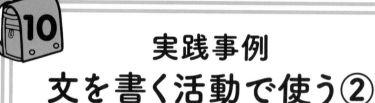

実践事例
文を書く活動で使う②
〜作文の下書き〜

✎ 下書きで使用しているデータ

　107 ページで文を書くときの流れを示しました。それぞれの段階でどのようなものを使用したのかを紹介していきます。

　「**②タブレット端末上で下書きをする**」では、以下のデータを使用しました。

しごとを　して
そのために、　います。

ここにあてはめていくことで、文を簡単に作ることができるという型です。これまでにあったワークシートを参考に作成をしました。

　1つ目のところには「車の名前」を、2つ目のところには「その車の仕事の内容」を、そして、3つ目、4つ目のところには「仕事に関係するつくり」について書くスペースになっています。

✎ タブレット端末上で

　②でオッケーをもらった子たちは、**「③タブレット端末上でデータの作文用紙に書く」** に移ります。このときは、**「④作文用紙に清書をする」** で使用する作文用紙をデータ化しておき、送信するようにします。

　このとき、タブレット端末上で文字を書くことになります。紙と比べて、字のきれいさはタブレット端末の性能上劣ってしまいます。なので、あまり字のきれいさは気にせずに進めていきます。

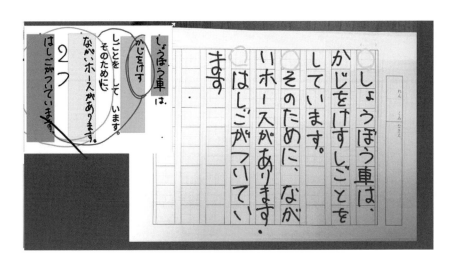

　このとき、上のように①で作成したものを一画面上で見ることができるようにしておくと、活動に取り組みやすくなります。

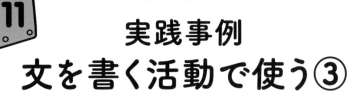

実践事例
文を書く活動で使う③
〜作文の清書と提出〜

清書をする

　「④作文用紙に清書をする」段階です。③で作成したものを見ながら、清書していきます。

　書けた子はまた別の車を選択し、①からスタートするようにします。

たくさん提出箱を作っておく

　このとき、子どもたちの活動は進み具合により、異なってきます。そ

こで、右の画像のように提出箱を複数用意しておきます。

　そして、子どもたちに自分がしている活動のファイルに提出してもらうようにしておきます。

　そうすることで、教師側も子どもの活動を把握しやすくなります。

　このように効率化することで、文を書くことが苦手な子に指導を入れながら、その横で他の子どもたちの文を見ることもできるようになります。

2021年11月19日 締切	
🖴 したがき3つめ	›
🖴 ぶんのしたがき3つめ	›
🖴 したがき4つめ	›
🖴 ぶんのていしゅつ4つめ	›
2021年11月15日 締切	
🖴 ぶんのしたが2まいめ	›
🖴 ①したがき　2つ目	👥 ›
🖴 ぶんのしたがき	👥 ›
🖴 じどうしゃずかん　したがき	›

　文ができた子は、さらに違う自動車で文を書くために①に戻ります。このようにそれぞれのペースに合わせた指導を行うこともできます。

✏️ 探究サイクルを回す

　探究的な学習の実現のために、子どもたちにとって「①課題の設定」「②情報の収集」「③整理・分析」「④まとめ・表現」のプロセスが重要であるとされています。

　この４つの段階を１時間の授業の中で、１つの単元の中で、１年生から意識していくことが大切です。この取り組みについても、

「①課題の設定」…どの車の文を書きたいか設定する

「②情報の収集」…文を書くための情報を図鑑で集める

「③整理・分析」…それぞれで文を書く

「④まとめ・表現」…オリジナル図鑑づくり

といったように、それぞれの段階を意識して取り組めるようにしています。

実践事例
文を書く活動で使う④
〜友達の作文を選ぶ〜

✎ 自分で選択をする

　子どもたちの紙に書いた清書を PDF にして、データを子どもたちに送信しておきます。

　そのデータから子どもたちは自分のオリジナル図鑑をつくるための友達が作成したデータを選択します。適当に選択するのではなく、「白い車」というテーマを自分で決めたのであれば、そのテーマをもとに友達の書いた文も含めて選択をして図鑑を作るということにしています。

　選択をするということは、友達の文を読む必要があります。読んで必要だと思ったものを選択するということになります。

　「友達の文を読みましょう」と言ってもほとんどの子が適当に読んでいるのが現状です。しかし、このような取り組みをするとしっかりと読まざるを得ません。

✎ 先頭と最後につけるワークシート

　左のワークシートのいちばん上にはタイトル、真ん中のところには絵、そして右下には自分の名前を書きます。

　そして、右のワークシートには、選んだ理由・順番の理由、なぜその題名にしたのかを書くスペースを設けます。

　授業では、出てくる順番にも意味があるといった学習をしています。

そういった単元で学習してきたことを子どもたち自身で活用することができているのか、といったことを評価したいためにこのようなワークシートを作成するようにしています。

　左のワークシートは1枚目に、右のワークシートは最後につけるようにしています。

表紙

ふりかえりシート

　そして、完成したのが106ページでも掲載した下の画像になります。

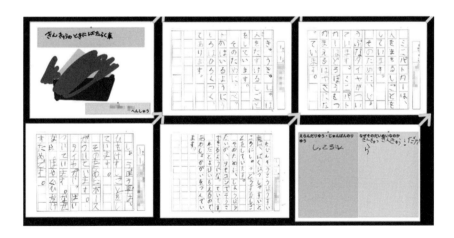

　左上が表紙となる1ページ目、横に行き、2、3ページ目、そして、左下が4ページ目、そして、5ページ、6ページ目が裏表紙になるようにまとめていきます。

実践事例
算数で考えるための
アイテム選びに使う

子ども自身が選択をする

> けんたくんの前に3人います。後ろには6人います。全員で何人並んでいますか。

という問題を考えていたときに、子どもたちが提出した絵や図が下になります。

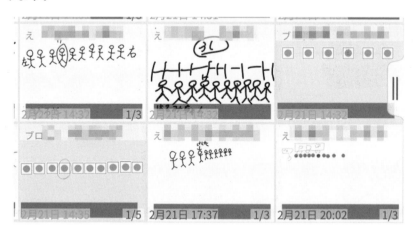

　絵で描いている子もいれば、ブロック図を使っている子、ドット図を使っている子もいます。**自分たちで考える方法を選択している**ということになります。私が1年生でも最後に求める姿は、このように選択をす

る姿です。

　授業では1通りの考え（数図ブロック）で取り組んでいた子が、テストやわからないときにその考えで考えようとしているでしょうか。そもそも授業でアナログの数図ブロックを使って考えていたとしても、テストでは使用できないといった暗黙のルールがあります。だから、数図ブロック以外の、子どもたち自身に考えるためのアイテムの選択肢を持たせる必要があります。

選択肢を持つことができるようにするために

　選択肢を子どもたちに持たせるために、たし算やひき算の学習では、
・問題の関係を把握する
・立式する
・答えを出す（確かめる）
といった場面のときに、以下のワークシートを配付し、自分が使いたいものを使用させていきます。

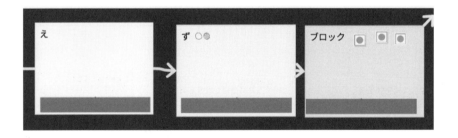

　「え」と書いているカードには絵で、「ず」と書いているところにはドット図で、ブロックと書いているカードには「ブロック」で取り組んでいきます。ブロックは必要な分だけ複製できるようにしておきます。
　「え」のシートは白、「ず」のシートはピンク、「ブロック」のシートはブルー、などの色分けをしておくことで、誰がどれを選択したのかをすぐにわかるようにしておきます。

実践事例
算数の振り返りに使う

✎ 6つの視点

「では、いまの時間の振り返りを書きましょう」と言っても書けない
のが、1年生です。いや、1年生に限らず他の学年でも同様のことがい
えることでしょう。

そこで、6つのカードをタブレット端末上に送り、そこに書き込み、
提出するということを行いました。6つのカードは6つの視点になって
います。

このような視点を示すことで、子どもたちも書きやすくなります。
（詳細は拙著『学習者端末　活用プラン付　算数教科書のわかる教え方

１・２年』学芸みらい社、2022 年をご覧ください。)

✏️ 実際には使わなかった振り返り

　実際には使用しませんでしたが、１時間を振り返り、自分ができたところにチェックをする振り返りを作成しました。

　字を書かなくても、選択すればよいだけなので、１年生の４月からでも取り組むことができます。

　このように手立てをすることで、子どもたちは少しずつ振り返りをする習慣を身につけることができるのです。

実践事例 新出漢字の 練習に使う

新出漢字の進め方

新出漢字の練習を次のように進めていきました。

①漢字ドリルを指でなぞる（みんな同じスピードで）
②空に指で書く（みんな同じスピードで）
③間違えるポイントを伝える
④鉛筆でなぞる
⑤残りを練習する

デジタルドリルを使用する

①～④まではみんな同じスピードで進めていきますが、⑤では時間差が起こります。たった4文字の練習であっても差は生まれます。

そこで、○がついた子から、漢字ドリルについているQRコードをタブレット端末に読み込ませて、タブレット端末上で漢字の練習に取り組ませていきます。

タブレット端末上での漢字の練習は、字を上手に書けるようになるという練習には不向きかもしれませんが、漢字を覚えるといった面ではとても有効です。子どもたちはゲーム感覚でどんどん取り組んでいきます。その結果、かなりの数の練習をしています。

こうすることで、差がなくなり、どの子も漢字の練習に取り組んでい

る時間になります。

　私はこういった時間差を埋めるために、読書をすることには反対です。読書からの切り替えが難しい年頃だからです。漢字をしているなら、みんなで漢字の学習をしたいものです。内容は違っていても、よいのです。

　算数の反復練習の場面などでも同様のことがいえます。QRコードで読み込める、無料で計算や漢字ができるデジタルドリルがついているものがオススメです。

✎ チート事件

　AI型ドリル（デジタルドリル）にはさまざまな工夫がされています。問題を解くと、コインがもらえたり、モンスターが成長したりと、いわゆる外発的動機の工夫があります。

　それによって、導入して半年くらいで4万コインを集めていた子もいました。雨の日の休み時間で外で遊べないときには、AI型ドリルをしている子もいました。

　私が小学生だったときには考えることができない姿でした。上記のような外発的動機のおかげでもあります。

　半年で1問、1コインだとすると4万コインを集めた子は4万問を解いていたことになります。これはこれまでの紙ベースの方法よりもはるかに多くの問題を解いていたことになります。

　しかし、ある日問題をきちんと読まなくても、式や少しの文章から判断して回答していたり、同じ問題を解決したりする「チート事件（子どもたちが名付ける）」が起きました。

　どのように対処しようか迷いましたが、確かに同じ問題を解いているのはどうかなとは思いますが、その問題を覚えているということはある意味、その子の力になっているのではないかと考えました。

　そこで、あまり指導することはしませんでした。

実践事例
スピーチの時に使う

1年間のテーマ

　毎日、日直がスピーチを行うという取り組みをしていました。

スピーチをする→3人質問をする

という流れで行っていました。この流れで5分程度です。毎日2人行っていたため、毎日10分程度スピーチの時間を朝の時間に設けていました。

　1年間で、以下の4つのテーマで行いました。

①自己紹介

②自分の好きなこと

③最近のマイブーム
④１年間の思い出

✎ スピーチの型

　スピーチというと、長文でテキパキと話をするというイメージがありますが、１年生は最初からそのようなスピーチはできません。最初はしっかりと、以下のような型を提示することが大切です。

私の好きなものは○○です。
好きな理由は３つあります。
　１つ目は〜
　２つ目は〜
　３つ目は〜
だから、私は○○が好きです。

という定型でスピーチをするようにしていました。型ですると、何か子どもが窮屈に感じてしまうのでは、面白いスピーチにはならないのではと心配をしていましたが、十分にそれぞれの色が出たスピーチになります。

　スピーチに慣れると、この型をそれぞれが崩してもよいというようにしていました。

　このとき、言葉だけでなく、絵や動画を見せながら、スピーチをしてもよいというようにしていました。

　１年生なので、スピーチの準備をすべて任すことはできません。しかし、家庭任せにしてはいけません。しっかりとスピーチを考える時間を設ける必要があります。

　そこで、１つのテーマのスピーチを全員が終わると、その朝の時間にスピーチを考える時間を設けていたこともあります。

実践事例
クイズ大会で使う

　学期末には、仲を深めるため、お互いのことを知るために、クイズ大会を行っていました。下のようなグッズを持っているため、班対抗のクイズ大会を行っています。なくてもホワイトボードに書いたりして、行うことができます。

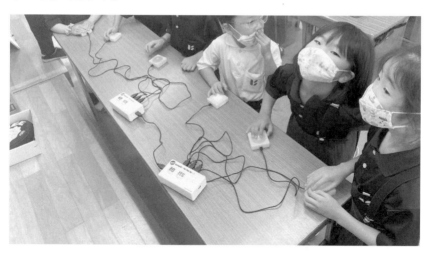

✏ クイズの問題は？

　クイズ大会を行うためのクイズは子どもたち自身でつくってもらいます。どんなクイズ内容でもいいというわけではありません。何でもよいとなると、子どもたちの趣味に関わることが問題になってきます。それ

では問題がまったくわからない子が出てきて、クイズ大会が盛り上がりません。だから、「学校に関係しているもの」というテーマで行います。

　学校に関わる学習、遊びなどであれば誰でもわかります。

　1枚目に問題、2枚目に答えを書くようにします。

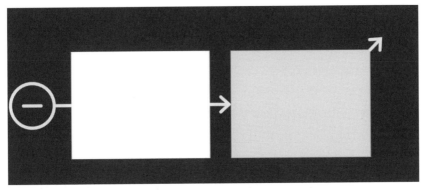

問題シートと答えシート

　問題を画面に映したり、私が問題を読んだりして、クイズ大会を進めていきます。

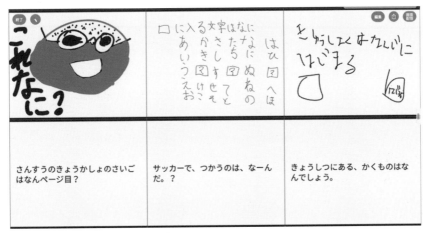

子どもが作成した問題

おわりに

「1年生の担任は避けたい」「1年生以外の担任がよい」

そんな話を聞いたことがあります。というか、20代の頃の私が言っていました。そんなことを言っていた私は教職18年目になりますが、1年生の担任を3回経験してきました。20代の頃は5・6年生を担任することが多かったのですが、いつの間にか同じ回数になっていました。

いま思えば、1年生を担任するときは何かの節目ということが多かったです。そして、自分がアップデートするきっかけになる1年にどのときもなっていました。小学校に入学してくる1年生に私自身が学ばせてもらっていたのでしょう。教育観、授業観もどんどん変わっていきました。だから、1年生を担任していなかったらいまの私はいないことでしょう。本書に書いているような実践をしていなかった可能性もあります。

本書はオーソドックスというより、少し癖のある本に仕上がったように思います。でも、子どもたちがアクティブになる要素や昭和や平成型の1年生教育ではなく、令和型の1年生教育を、という思いをすべて詰め込みました。本書が少しでも、みなさんの一助になれば幸いです。

そんなことを言っておきながら、私以外の担任であれば、もっとこの子たちの成長を促すことができるのではないかということも毎日考えていました。常に不安でした。やはり、小学校生活6年間の第一歩の1年なのですから。子どもだけでなく、保護者も初めて小学校に通わせる方も多いです。いわば、保護者も保護者の立場として1年生なのです。それは誰もがプレッシャーに思うものです。

初めて1年生を担任した子を4年生のときに改めて受け持ちました。しかし、そのときの子どもたちの様子はまったく違いました。すさんでいるようにも見えました。どこかのタイミングで、「1年生のときを思い出して！」と子どもに言ったことを覚えています。

また1年生担任2回目の子どもたちが2年生になったとき、「私がもっ

とこの子たちを1年生のときに成長させることができたら…」と自分を責めたこともありました。だから、陰からサポートをしようと決意をしました。だから、毎朝校門に立ち、みんなとコミュニケーションをとるようにしていきました。彼らが6年生になったとき、彼らに算数を週1時間授業できることが、どれほど嬉しかったことでしょうか。

　そんな子どもたちも2022年の春に卒業していきました。中学校に進学するため、この子たちの成長に直接に関与することはできません。もう遠くから見守っていくしかありません。きっともっと成長し、力をどんどんつけていくことでしょう。それだけの無限の可能性をたくさん見せてくれたからです。

　いや、この子たちに限らず子どもたちには無限の可能性があります。スポンジのようにさまざまなことを吸収していく子どもたちにうらやましさを感じたこともあります。

　私事ですが、2022年4月に学校を替わりました。2021年は3回目の1年生の担任を途中からしていました。本書の写真の子どもたちです。もう、この子たちの成長に直接に関与することはできません。この子たちのこれからの成長を見ることができないことが学校を去るときの唯一の心残りでした。だから、遠くからみなさんの成長を、そして幸せを祈り続けております。

　1年生で受け持つとその後の様子を担任でなくても、その学校にいる限り見ることができます。だから、1年生で担任をしたから終わりではなく、本書を読まれているみなさんもその後の子どもたちの成長を少しでも見てくれたら嬉しいなと思っています。そこにはまた別の楽しさがあることでしょう。さて、次はいつ1年生を担任するのかな。楽しみです。

　最後に学陽書房の山本聡子さん、駒井麻子さんにこの場を借りて心よりお礼申し上げます。

　2023年1月

樋口　万太郎

【参考・引用文献】

・幼稚園教育要領 平成29年3月—平成29年告示. 東山書房. 2018

・樋口万太郎『学習者端末 活用事例付 算数教科書のわかる教え方 1・2年』学芸みらい社. 2022

・樋口万太郎『GIGAスクール構想で変える！ 1人1台端末時代の算数授業づくり』明治図書出版. 2021

・樋口万太郎『GIGAスクール構想で変える！ 1人1台端末時代の学級づくり』明治図書出版. 2021

・樋口万太郎『GIGAスクール構想で変える！ 1人1台端末時代の授業づくり』明治図書出版. 2020，2021

・樋口万太郎『これでどの子も文章題に立ち向かえる！ 算数授業づくり』学陽書房. 2019

・樋口万太郎『GIGA School 時代の学級づくり』東洋館出版社. 2022

・宇野 弘恵『スペシャリスト直伝！ 小1担任の指導の極意』明治図書出版. 2016

・「樋口万太郎先生監修 低学年のICT活用講座」『教育技術小一小二』4・5月号. 小学館. 2021

・「樋口万太郎先生監修 低学年のICT活用講座」『教育技術小一小二』10・11月号. 小学館. 2021

・「樋口万太郎先生監修 低学年のICT活用講座」『教育技術小一小二』12・1月号. 小学館. 2021

・「樋口万太郎先生監修 低学年のICT活用講座」『教育技術小一小二』2・3月号. 小学館. 2021

・土居正博『クラス全員のやる気が高まる！ 音読指導法—学習活動アイデア＆指導技術—』明治図書出版. 2021

【参考・引用サイト】

・樋口万太郎「1人1台端末の授業づくり(4)1人1台端末時代の1年生算数実践」
　https://www.meijitosho.co.jp/eduzine/mhiguchi/?id=20210606
・樋口万太郎「1人1台端末の授業づくり(5)デジタル教具とアナログ教具」
　https://www.meijitosho.co.jp/eduzine/mhiguchi/?id=20210660

・樋口綾香「【小一　国・算・生活】二学期はじめのスペシャル授業アイデア」
　https://kyoiku.sho.jp/96960/
・樋口綾香「樋口綾香のGIGAスクールのICT活用術⑬〜2年国語「かんさつ名人になろう」授業アイデア〜」
　https://kyoiku.sho.jp/94086/

・文部科学省「新幼稚園教育要領のポイント」
　https://www.mext.go.jp/b_menu/shingi/chousa/shisetu/044/001/shiryo__icsFiles/afieldfile/2017/08/28/1394385_003.pdf

・保育士バンク！「【徹底解説】「10の姿」とは。幼児期の終わりまでに育ってほしい具体的な事例や子どもの姿」
　https://www.hoikushibank.com/column/10-0
・マイナビ保育士「10の姿とは？保育の5領域との違い・幼児期に育むためのポイントも」
　https://hoiku.mynavi.jp/topic/2021/06/000720/

●著者紹介

樋口 万太郎 （ひぐち・まんたろう）

1983年大阪府生まれ。大阪府公立小学校、大阪教育大学付属池田小学校、京都教育大学付属桃山小学校を経て、現在、香里ヌヴェール学院小学校に教諭兼研究員として勤務。全国算数授業研究会幹事、学校図書教科書「小学校算数」編集委員。主な著書に『子どもの問いからはじまる授業！』『仲よくなれる！　授業がもりあがる！　密にならないクラスあそび120』（以上、学陽書房）、『GIGA　School構想で変える！』（明治図書）、『GIGA　School時代の学級づくり』（東洋館出版）、『「あそび＋学び」で、楽しく深く学べる国語アクティビティ200』（フォーラムＡ企画）など著書多数。

子どもがどんどん自立する！
1年生のクラスのつくりかた

2023年2月3日　初版発行
2024年2月16日　3刷発行

著　者―――――樋口 万太郎
発行者―――――佐久間重嘉
発行所―――――学 陽 書 房

　　　　　　　〒102-0072　東京都千代田区飯田橋1-9-3
営業部―――――TEL 03-3261-1111／FAX 03-5211-3300
編集部―――――TEL 03-3261-1112
　　　　　　　http://www.gakuyo.co.jp/

ブックデザイン／能勢明日香　　　カバーイラスト／すぎやまえみこ
DTP制作・印刷／精文堂印刷
製本／東京美術紙工